写在前面的话

以西安为中心的饮食文化圈，横连黄河、长江两大流域，是中国饮食文化的重要源头。这里物产丰富，人杰地灵，烹饪历史悠久，饮食风尚特色突出，其饭菜很多都有周秦汉唐等王朝的遗风，特别是小吃，真可谓美不胜收。由于古长安政治、经济、文化等各方面得天独厚的条件，西安的小吃博采全国各地小吃之精华，兼收各民族珍馐之风味，并挖掘继承了历代宫廷小吃之技艺，因而品种繁多、花色奇异、民族特色浓郁，颇具古色古香古韵。

就用料而言，西安的小吃以面粉为主料的居多，同时兼及米、豆、杂粮、油、肉、禽、蛋、果、蔬各类，辅料多用调料，调味喜重偏浓，讲究善用“三辣”（葱、姜、蒜），巧用“三椒”（花椒、胡椒、辣椒）。在烹调方法上，主要有煮、蒸、烙、烤、煎、炒、熬、炙、泡、浸、烩、炖等，成型工艺则有擀、包、捏、抻、切、按、摊、揪、盘、卷、叠、铡、模印等。风味特点可概括为料重味浓，火候足到，味型有鲜、酸、辣、麻、甜、咸、香，百味兼具，口感则干、脆、嫩、酥、柔、软、绵、烂、滑、爽、筋，一应俱全。

书中精心选择介绍的这些特色小吃，有的历史相当悠久，如自传说中女娲补天所用的“石子液烙饼”发展而来的关中煎饼，源于新石器时代的食品“化石”石子馍等；有的颇具宫廷风味，如唐高宗命宫中厨人精心制成赏赐给玄奘的油酥饼，汉文帝刘恒的外祖母薄太后食用的太后饼；有的属当代创新之品种，如贾三灌汤包子、小六汤包等；而牛羊肉泡馍、腊汁肉夹馍、金线油塔等多种小吃，更被中国烹饪协会命名为“中华名小吃”，有的甚至已跻身国宴。

在内容上，本书以简洁而丰满为原则，借生动有趣的典故传说、名人逸事，引出小吃的来源，彰显其特色，并采用生动细致的文字，使读者尽可能轻松地领略每一种小吃的色香味形。而代表名店的简要介绍，更可给予读者就餐的实际指导。同时，书中大量精美的饮食实物图片，形象直观地展示了西安独特的民风食俗。总之，我们的初衷和目的，就是要让读者在了解每一种小吃的同时，尽可能领略其深厚的文化内涵，满足现代人吃文化、吃情趣、吃意境的轻松休闲的饮食需求。

另外，成书过程中，我们参考了一些相关资料，也得到了很多方面的帮助，在此一并致谢。

编 者

2012 年 2 月

CONTENTS

目录

目录 CONTENTS

牛羊肉泡馍

牛羊肉泡馍，是牛肉泡馍和羊肉泡馍的统称，西安人一般称其羊肉泡馍、羊肉泡、泡馍，乃牛羊肉加作料入锅煮烂，汤汁备用，再将饦饦馍掰成蜜蜂头状，加牛肉或羊肉、粉丝等，用肉汤煮制而成，具有肉烂汤浓、料重味醇、绵韧适口、肥而不腻的特色。在西安，牛羊肉泡馍与葫芦头、粉汤羊血并称为“三大泡”。

相传大宋皇帝赵匡胤称帝前曾受困于长安，终日忍饥挨饿。一日，他来到一家正在煮制牛羊肉的店铺前，掌柜见他可怜，就让他把自带的干馍掰碎，然后浇了一勺滚热的肉汤将馍泡了泡。赵匡胤狼吞虎咽，大饱一餐，感到肉汤泡馍真是天下第一美食。后来，赵匡胤黄袍加身，做了皇帝，路过长安，想起当年在这里吃过的肉汤泡馍，同文武大臣找到这家饭铺，想再次品尝当年的美味。皇帝大驾光临，店主一下慌了手脚，忙叫妻子烙饼，待饼烙好，一看却是死面的，便把饼掰碎，用肉汤煮了又煮，还放上几大片羊肉，精心配好调料端上。赵匡胤吃后，仍觉其鲜美无比，胜过山珍海味，于是，重赏了这家店铺的掌柜。皇上吃泡馍的故事一经传开，牛羊肉泡馍就成了长安街上的著名小吃。

饦饦馍

饦饦馍是聪明的华人穆斯林汲取阿拉伯大饼、胡饼之精华，采纳中国传统烤饼工艺烙制的一种纯面粉的宜储便携的小圆饼，一般系用慢火烙制。其饼圈内侧爆起一道黄边，馍面有花色斑纹，绵软中透出淡淡的甜味，即所谓“虎背金圈菊花心”。

最初，饦饦馍被以阿拉伯语“食品”之音“图尔木”(Turml)命名，后来，其名演变为饦饦馍。现在，西安穆斯林说“饦饦馍”时，仍将“馍”读为“mú”，或简称“饦饦”。

饦饦馍的成名，和牛羊肉泡馍有密切的关系。因为筋韧甜绵耐煮，掰碎后入肉汤旺火煮而不散，块与块之间互不粘连，饦饦馍成为牛羊肉泡馍的主角，且随着牛羊肉泡馍知名度的提高，享誉食坛。

羊肉泡过去只是西安坊间贩夫走卒们的早餐饮食，登不上大雅之堂，如今它不仅是“中华名小吃”，且已跻身国宴。在西安，经营泡馍的大小馆子随处可见，很多西安人，几天不吃泡馍，就颇有点不舒坦。大小泡馍馆里男女老少同挤一桌，细细地掰着馍，享受着泡馍的浓香滋味，成了古城西安的一道饮食文化景观。

羊肉泡的渊源，可上溯至公元前11世纪的“牛羊羹”，即用牛羊肉烹制的羹汤。西周时曾将羊羹列为国王、诸侯的“礼馔”。据《宋书》记载，南北朝时的毛修之因献出羊羹这一绝味，竟被封为太令官，后又升为光禄大夫。唐代宫廷及市肆也多见羊羹，而北宋苏轼当年为官凤翔时，更写下“秦烹唯羊羹”的诗句。元朝时，随蒙古军队至西安定居的大量回民，即精于制作将筋韧甜绵的饦饦馍掰碎后入牛羊肉汤旺火煮的美味。

明崇祯年间，西安专营牛羊肉泡馍的“天锡楼”在桥梓口开业，由名厨马建行掌厨，生意兴隆，誉满古城。继“天锡楼”之后，又先后涌现出“同盛祥”“老孙家”“义祥楼”“一间楼”“鼎兴春”“老童家”等十余家泡馍馆，它们竞相钻研，各具特色，使泡馍技艺日臻完善。

作为西安最具特色的风味美食，1989年，“同盛祥”的牛羊肉泡馍荣获商业部“金鼎奖”。如今，老字号“同盛祥”“老孙家”及近年涌现出来的“安德坊”“坊上人”的牛羊肉泡馍都被命名为“中华名小吃”，每天均食客盈门。而更多的遍布西安大街小巷，由回、汉等民族同胞经营的或大或小的泡馍馆子，像坊上“老刘家”“老白家”、白鹿原“老车家”等，每天也都忙碌而从容地以精心烹制的美味，使西安百姓和过往宾客一享口福。

“天下第一碗”

已故国画大师黄胄到“同盛祥”吃泡馍后提笔写下“天下第一碗”，原中共中央军委副主席刘华清在品尝了“老孙家”的羊肉泡后，也挥毫留下“天下第一碗”的题词。两个“天下第一碗”，在烹饪界传为佳话。

羊肉泡的制作，除烙馍外，还有骨肉处理、煮肉、捞肉、切肉、掰馍、煮馍等工序。

骨肉处理

将羊肉(或牛肉)剔净骨头，切成大块，投入清水池中，先洗去血污，换水再浸泡2小时。然后将肉上污垢刮净，用清水冲洗，再放入水中浸泡1小时，待肉色发亮即可。将羊骨架或牛骨架放入另一水池中浸泡1小时，换水再泡1小时，捞出，冲洗干净，砸成约20至23厘米长的段。

煮肉

锅内加入清水，旺火烧开，放入骨头，再烧开。加入明矾，旺火熬半小时后，撇去浮沫。把桂皮、草果、大红袍花椒、小茴香、干姜、良姜、八角装入净布袋内，扎紧袋口，放入锅内。旺火烧2小时后，将肉块皮面向下摆放在骨头上，煮三四小时后，放入精盐，用肉板压上，加盖，改用小火。保持肉锅微开。约炖12个小时，即可肉烂汤浓。

捞肉

揭开锅盖，取出肉板，撇去浮油，把铁肉叉从锅边插入锅内，将肉略加松动。左手拿直径约40厘米长的平面竹笊篱，右手拿肉叉，将肉块皮面向下捞放在笊篱上，然后翻扣在肉板上，用肉汤在板上冲浇几次，使肉面干净。以此法将肉全部捞出，晾凉。

切肉

煮熟后肉的部位分为肥肋、腱子、头皮、羊眼、口条、蹄筋、肚头等。吃时，顾客既可单选一种，也可兼要多种。经切配师傅根据顾客选定的肉切配好辅料，端回桌上，顾客核对“看菜”后便可煮馍。如想多吃些肉，也可再要一份同煮，叫“双合”。

肉板

制作牛羊肉泡馍等食品时，为摆放肉块使用的木板。一般用桦木或榆木制成，宽约26厘米，长约50厘米，稍呈弧形。

高汤

名店搜索

老孙家饭庄

地址：西安市东关正街78号

同盛祥饭庄

地址：西安市钟鼓楼广场

老车家牛羊肉泡馍

地址：西安市韩森寨什字

掰馍

羊肉泡馍的烹制与吃法和一般膳馔不同，它不仅要求厨师在烙馍、煮肉、切肉、煮馍等环节上技艺精湛，一丝不苟，而且要求食客具备吃泡馍的基本功，即要“会掰”“会吃”。

馍掰得不能太大，太大了煮不透，汤汁难以入味；也不能太小，太小了则会煮成糊状。以掰成蜜蜂头大小为佳，这样掰出的馍，便于煮制，易于入味，煮成后的馍筋道光润，绵韧适口。

煮馍

传统的煮馍，除“单做”，即将羊肉烩成汤，由食者自泡自食外，还有三种制作方法。一是干泡。通过煮制，将汤汁完全渗入馍内。煮出的馍，筋而韧，绵而酽，碗内无汤汁，馍肉吃完汤即完。二是口汤。煮出来的馍，酥、绵、光，吃完馍肉后，碗内仅剩汤汁一大口，故称“口汤”。三是水围城。宽汤大煮，煮出来的馍，筋、光、散，碗里汤汁多，中间是馍肉，周围是汤汁，故称“水围城”。三种煮馍，均为美味，吃时，食者可根据食性自由选择。

吃羊肉泡时，不能用筷子在碗里来回翻搅，而要从一边一点一点地“蚕食”，这样才能品出羊肉泡肉烂、味浓、汤鲜、醇香、肥而不腻的滋味儿来。吃时适当地佐以香菜、用香油浸泡的辣椒酱以及糖蒜，别有风味。食后再喝碗用原汁汤烩制的“高汤”，会更觉余香满口，回味悠长。

1947年，国民党竞选国大代表时，有人曾用羊肉泡馍争拉选票，以一碗羊肉泡换取一张选票，当时报纸标题有“君欲竞选国大代，请客先吃羊肉泡”之语。

解放后，老一代无产阶级革命家刘少奇、周恩来、彭德怀、邓颖超、贺龙、陈毅、胡耀邦、郭沫若等先后来西安品尝过羊肉泡，对之多有赞誉。

同盛祥饭庄自1982年开始接待外宾后，在不到一年时间里，就接待了美、英、法、日等20多个国家的各阶层来宾千余人，许多外国朋友对羊肉泡的吃法颇盛兴趣，觉得自己掰馍自己吃是一种特别的体验和享受。

近年来，江泽民、李瑞环、吴邦国、丁关根、钱其琛、李铁映、陈慕华等党和国家领导人也都曾品尝过西安的羊肉泡。

“六十年来久睽违，几番梦中把乡回。今日欢聚老孙家，原汁原汤没变味。”这是台湾著名烹饪师胡玉春先生在“老孙家”品尝泡馍后发自肺腑的感怀。

2005年，中国国民党主席连战、亲民党主席宋楚瑜先后来西安品尝了羊肉泡，亦连声赞叹“真好吃”。

葫芦头泡馍

葫芦头泡馍，是以洁净的猪肠肚加馍块，用沸滚的浓香调料汤反复浇潲（关中方言读mào，用沸水烫、泡之意）而成，其肉嫩汤鲜味浓，肥而不腻，馍块绵软筋韧，醇香扑鼻宜人，乃西安“三大泡”之一。

葫芦头泡馍最早为唐代京城美食，今天的葫芦头泡馍，是在唐代“葫芦头”的基础上发展演变而来的。在西安，葫芦头泡馍馆随处可见，其中尤以西安南院门“春发生”最为有名。

提起葫芦头，涎水嘴角流。
听见碗勺响，嘴上就发痒。
——西安民间俗语

典故传说

相传盛唐时期，祖籍陕西耀县的著名医药学家孙思邈在京都长安一家专卖猪杂羔的小店里吃煎白肠，食后觉腥味大，油腻多，询问店家知制作不得法，遂告之诀窍，并从药葫芦里取出花椒、大香（八角）、上元桂等调料，让其在煮肉时放进去以解腥去腻，并连同药葫芦一起赠给。从此，这里的煎白肠一改旧味，香气四溢，顾客盈门。店家为感激孙思邈，特将药葫芦高悬门首，并将所卖食品命名为“葫芦头”。

清末，西安街头出现了不少以猪肠肚为原料的猪杂羔店。1923年，原猪肉店小掌柜何乐义也挑担经营起猪杂羔。为了在竞争中取得优势，他在唐代“葫芦头”的基础上作了改进，精选大肠头（猪直肠，肥厚油腻）、葫芦头（大肠与小肠相连接处约33厘米长的肥肠，其形粗大如葫芦，肥而不腻），配以肚子、白肉、鸡肉、骨头汤，精工细作，肥嫩鲜美而不油腻，成为独树一帜、遐迩闻名的夜宵佳肴，很受欢迎。由于生意兴隆，1931年，他便在西安南广济街开设了一个专营葫芦头泡馍的小店。后来一位山西籍的美食家取杜甫《春夜喜雨》诗中“好雨知时节，当春乃发生”之意，给这个小店取名“春发生”，从此“春发生”名气渐盛，成为誉满大西北的名店。

解放后，“春发生”搬到了西安南院门，为了适应不同食客的需要，增加了有海米、鱿鱼、海参的海味葫芦头。今天的“春发生”，店堂明亮宽敞，每日顾客盈门，座无虚席。

葫芦头的制作，分为肠肚处理和熬汤两大步骤。肠肚处理，包括除腻腥、洁肠肚、翻肠、除臭臊、取葫芦头、煮肠肚、晾干葫芦头。熬汤，即将猪棒骨、去皮肥瘦猪肉、肥母鸡入清水锅内，加入精盐、花椒、八角、桂皮、草果、姜片、丁香等熬制成调料汤。

吃葫芦头，需要顾客与厨师密切配合，即由顾客将饦饦馍掰成白果大小的馍块，放入大碗中，由厨师将熟大肠、熟肚子、熟猪肉、鸡肉切成不同长度、不同厚度的片，放在掰好的馍块上(若吃海味的，再加上海米、鱿鱼、海参片)，用锅内滚沸的汤汁反复浇浇三五次，然后放入料酒、调料水、香菜末、蒜苗丝、味精、熟猪油，最后再浇入适量的汤汁，即可食用。吃时若佐以糖蒜、泡菜，感觉会更加清爽可口。

名店搜索

春发生饭店

地址：西安市南院门25号

20世纪30年代中期，东北军到西安后，战士们水土不服，拉肚子的、感冒的、腰酸腿疼的与日俱增。后来有的病号到“春发生”吃了葫芦头后，顿觉精神爽适，食欲大增。张学良将军得知后，命令军营的厨师们仿制葫芦头泡馍，列为病号饭。可是军营里做出的葫芦头，既不好吃也不能治病。后来军部研究，每天发二十个“病号饭”牌子，通知“春发生”泡馍馆优先照顾。

祖籍陕西的党和国家领导人习仲勋、王炳南等每次回到西安，也必以重尝一下“春发生”的葫芦头泡馍为快事。

1991年9月，西安首届古文化艺术节期间，时任国家文化部部长的著名作家王蒙在“春发生”品尝葫芦头时，对其独特风味也大加赞誉。

粉汤羊血

以麻、辣、咸、香、光、嫩著称的粉汤羊血，是与羊肉泡、葫芦头齐名的“西安三大泡”之一。

我国百姓自古就有食用羊血的传统。宋代《梦粱录》里即有“羊血、粉羹”的记载，《南宋市肆记·市食》中也有关于“羊血”的叙述。很早以前古城西安南院门就有卖羊血汤的。20世纪初，在西安牛市巷摆羊血摊的王金堂，根据百姓的食性爱好，在用料上研究改进，给羊血汤中增添了粉丝、豆腐，调入了腊汁油，后来又选用多种调料，制成调味汤，使之成为远近闻名的风味小吃。其羊血鲜嫩，入口光润，调料多样，麻咸适口，辣香扑鼻，助人食欲，有利消化，人称“王记粉汤羊血”。

粉汤羊血的制作

接、煮羊血

宰羊时，将新鲜羊血接入盆中，用马尾罗滤去杂质，加入适量精盐，用竹篾子轻轻打动，使其溶解。然后加入与羊血数量相当的净凉水，搅匀。待羊血凝结后，用刀划成约19.8厘米长、13.2厘米宽、3.3厘米厚的块，再用将沸的热水煮约40分钟，使之凝固成色呈褐红、嫩如豆腐、略带咸味的羊血块。

切羊血

把羊血块洗净，平放案上，除去血块上的血沫和底面沉淀的杂质。左手伸直，五指并拢，轻轻压在羊血上，右手持“四平刀”在凉水里蘸过，用平刀法将羊血片成约0.66厘米厚的片，再将片叠成坡形，然后用直刀法将其切成“火柴棒”粗细的长条，整齐地排放在盆内。

切豆腐

把豆腐切成约2厘米厚、3.3厘米长、2厘米宽的片，放入开水锅中，用中火煮约20分钟，待有蜂窝状的小孔时捞出，浸泡在净水中备用。

汆羊血

在大铁锅内添入清水，用旺火烧开后，先下入精盐和特制调料面，改用中火，保持汤锅小开。顾客将饦饦馍掰成小块放入碗内，经服务员给厨师，由厨师取羊血丝入下有精盐和调料面的沸水锅内焯约1分钟，捞入碗中，再取水发粉丝放在碗内，先浇上热汤，稍停，用手勺将碗内羊血扣住滗去汤，再浇汤、滗汤，如此反复三五次。待汤已渗入馍块，取豆腐块放在漏勺中，在汤锅里焯热后放入碗里。调入腊汁油、辣椒油和辣子，加进蒜苗末、香菜末，最后浇入适量的热汤，这时，香喷喷热腾腾的羊血泡漠就端到您的面前了。

趣闻趣事

说咸阳有一人，什么都不缺，除了钱；什么都没有，除了病；病也不大，身虚体弱感冒而已。中医告之：每日喝人参汤半碗，半月即可。此人拍拍腰包，一笑了之。卖羊血的说：买羊骨砸碎熬汤，每早喝一碗，再每晚吃羊血一碗。此人试之，一月后病除。

辣子蒜羊血

辣子蒜羊血是粉汤羊血的姊妹品，因调味品中辣子、蒜出头而得名，其味麻辣咸香，口感鲜嫩滑爽。

过去辣子蒜羊血多在傍晚于大街小巷叫卖。卖者多携一木架，上为各类碗盏，分别是精盐、酱油、芝麻油、香醋、蒜水、调料水(花椒、八角、小茴香熬制)、油泼辣子。木架旁是一火炉，炉上有锅，用微火保持水开而不翻滚，锅里煮的是切成小方块的羊血。有顾客来吃时，将羊血捞在碗里，有少许汤水，加入各类调料即可。

水盆羊肉

水盆羊肉的得名，据说是因为早先人们烹制时用的是砂锅，制成的羊肉，瘦肉红润，肥肉白亮，肉烂汤清，肥而不腻，加之砂锅状如锅盆，故曰水盆羊肉。水盆羊肉在市肆中多采取“明堂亮灶”的方式售卖，以招徕顾客。

水盆羊肉的制作

原料处理

把羊肉放入清水中，洗去血污，刮净污垢，再用清水漂洗干净即可。将羊骨头洗净，砸断。

水盆锅

水盆锅，是一种通常用铅锡板制成的盆状锅（以紫铜者为佳）。上大下小，上口直径约92厘米，高约66厘米，锅底直径约50厘米。陕西关中地区的饭馆，每值夏季常在门前设“水盆锅”出售食品。

名店搜索

澄城会馆

地址：西安市五味什字21号

煮羊肉

在大铁锅内倒入清水，旺火烧开，投入羊骨，烧半小时。将花椒、桂皮、小茴香、草果装入布袋，扎紧袋口放进锅内。然后把羊肉切成大块，排放在锅中，旺火烧开后，改用中火煮约3小时，放入精盐加锅盖，用小火再煮约10个小时后（保持汤锅微滚），启盖，撇出浮油，捞放在肉板上。

调制熟羊肉

将“水盆锅”置中火上，锅内放入肉汤，加开水、精盐，烧开。吃时将熟羊肉切成鱼形块放入碗内，浇上滚开的肉汤，加入味精，即可食用。

一般食用时与烧饼同吃，再佐以糖蒜、辣椒酱或鲜蒜瓣，清醇可口，别具风味。

羊杂碎

羊杂碎，是将羊的肠、肚、心、肺、肝、头、蹄、尾等杂碎，即人们常说的“下水”，洗净、切碎杂和在一起，经过煮汤、爆炒、炖烂，同粉丝等入锅烩制而成的。因是烩制而成，羊杂碎又叫羊杂烩，是陕北地区的传统风味小吃。如今，随着饮食文化的发展，羊杂碎已走出陕北，落户陕西各地，在西安街头，很容易就能吃到味道相当不错的羊杂碎了。

烹制羊杂碎，首先要将所有头蹄下水反复清洗干净，对于肠、肚除要洗十多遍外，还要在清水中浸泡一夜

典故传说

陕北黄土高原自古以来以农牧业为主，牧草茂密繁盛，质量优良，因此牛羊成群，宰杀后的“羊下水”非常丰富。然而，早先农牧民并不吃“下水”，将羊宰杀后，留下羊肉，头、蹄、肠、肚等则喂狗或干脆扔掉。

提起陕北羊杂碎的起源，还流传着这样一个故事：据说有一次，一家大财主为儿子娶媳妇大办筵席，杀羊待客，宰杀的羊数量大，羊杂碎特别多，喂狗狗也吃不完，财主便让伙计扔掉，伙计觉得很可惜，便送给一家穷苦人家。没想到，经过穷苦人家巧用心思加入调味品制作后的羊杂碎，香气四溢，醇香诱人，从此，人们争相仿制，羊杂碎便在市肆饮食和百姓餐桌上亮相供食了。

再取出，然后加入花椒、八角、精盐、酱油等各味调料，将全部“下水”分别煮熟，出锅后沥净水分，用刀切成形状不同的片、块、丝、条，再配些粉丝、油炸豆腐条、白菜（切条），用微火烩煮。食用时，心、肝、血、肺等搭配均匀，配上羊脑，添些鲜辣椒（或辣椒油）、葱丝、鲜香菜、蒜瓣，五味俱全，香气四溢。

2000年9月，榆林高师傅羊杂碎店的羊杂碎被中国烹饪协会认定为“中华名小吃”。

食用羊杂碎时，锅子的下面有微火，因而锅中一直冒着鱼眼泡，咕嘟嘟地滚沸着，挥发出诱人的香味；锅中的羊杂碎，形色繁多，肉质各异，汤鲜味美，令人垂涎。在冬季食用羊杂碎，既可大饱口福，又可抵御寒冷，实在是一种不错的享受。而从营养学的角度讲，“饮食贵杂”，羊杂碎是将多种原料烩在一起，其核心就在于杂和补，食疗滋补作用强，当属营养保健佳品。

腊汁肉夹馍

遍布西安大街小巷的腊汁肉夹馍，简称肉夹馍，是西安传统风味名吃，它是因用白吉馍夹腊汁肉而得名，如今还被人们形象地称为“中国的汉堡包”。

腊汁肉夹馍所用的腊汁肉，色泽红润，肉质软糯，糜而不烂，入口即化，有“肥肉吃了不腻口，瘦肉无渣满含油，不用牙咬肉自烂，食后留香久不散”的美誉。在西安，最有名的腊汁肉店当属“樊记”。

相传唐朝时，长安城东有位樊老爷，曾资助一逃荒青年葬母置业。后来，这青年靠经营腊汁肉致富。为报樊府之恩，他借樊老爷八十大寿之机，用百株花椒木做一上等棺木，再从十头生猪身上剔下500斤精肉，烹制成上等腊汁肉放进棺内，密封后送进樊府，置入柴房。后来，樊家落难，生活艰难。这时，家人发现柴房内有一棺木，打开一看，却见棺中满满一棺木腊汁肉，色泽鲜嫩，香气四溢。拿些上街去卖，很快就一售而空。棺木中的腊汁肉即将卖完，樊家人又买来鲜肉，用棺木中的肉汁（汤）煮成新的腊汁肉，结果味道仍很鲜美，此即樊记腊汁肉。

义茂春樊记腊汁肉

清光绪年间，祖籍“烹饪之乡”西安蓝田的樊炳仁在西安南院门卢进士巷（今芦荡巷）经营起腊汁肉。他继承唐代传统技法并加以改进，在诸多腊汁肉铺中独树一帜，名噪古城。1926年，樊炳仁把在北京从厨的儿子樊凤祥叫回西安参与店务，并把樊凤祥的别名“茂春”用在店名里，取名“义茂春”，从此，挂起了“义茂春樊记腊汁肉”的牌子。因这种腊汁肉在炎热的夏季仍能贮存数月而不馊，当时，樊家用猪血涂抹内壁的木藤条篓作为包装，远近的食客们买上一篓肉，用红纸贴于封口，馈赠亲友，使樊记腊汁肉走州过县，声名远播。

腊汁肉的加工历史悠久。《周礼》一书提到的“周代八珍”中的“渍”就是腊汁肉。战国时代的“寒肉”，也即腊汁肉，当时位于秦、晋、豫三角地带的韩国已能制作；秦灭韩后，制作技艺传到长安，并世代流传下来。北魏贾思勰《齐民要术》中记载的“腊肉”制法，与今天腊汁肉的制法基本相同，只是现在的用料、制法更为讲究。

腊汁肉的制作

将猪肋肉带骨带皮按猪身横着切成条，用清水漂洗干净，沥干水分，放入腊汁汤锅里（讲究陈年老汤），旺火烧开，撇去浮沫，肉皮朝上，一条条整齐地摆放在锅中，加入料酒、酱油、精盐、大葱、姜块及其他调料，上面压铁箅子，使肉全部浸入腊汁汤里，用旺火烧开后改用小火焖煮，约2小时后，放入冰糖，把肉翻过，继续用小火焖约2小时，捞出，拆去骨头，皮向上放在大瓷盘中。

白吉馍

白吉馍，也作白剂馍，是烙饼的一种。因在三扇鏊中用木炭火烘烤时上下受热，中心空虚，制成后用手轻轻一捏，自然形成上下两张皮，易于包夹其他食品，又名“两张皮”。西安街头经营肉夹馍的饮食摊点用的多是这种馍。

做好的腊汁肉，观其色，黑里透红，色泽明亮，闻其味，喷香扑鼻，垂涎欲滴，切成薄片或丝夹入馍中，吃后令人回味无穷。

名店搜索

樊记腊汁肉店

地址：西安市竹笆市街53号

20世纪二三十年代，南院门是西安最繁华的地方，商贾云集，店铺林立。不说白天的闹市，晚上戏散以后，商号的掌柜们总要打发学徒到“樊记”买些腊汁肉夹馍，以供夜宵。特别是每年端午节，无论是商号老板，还是一般市民，都以互赠“樊记”腊汁肉为一大快事。

20世纪50年代，在第一届世界青年联欢节上，陕西代表团就曾以樊记腊汁肉作为礼物赠送外国友人，备受欢迎。

1989年，樊记腊汁肉荣获商业部“金鼎奖”。

腊羊肉

腊羊肉是古城西安的清真传统风味食品，其色泽红润，肉质酥松，膘肉分明，鲜香不腻，咸烂可口，遐迩闻名，是佐餐下酒和馈赠亲友的佳品。

现在西安经营腊羊肉的有很多家，除了久负盛名的“辇止坡老童家”外，形成了一定生产规模且有相当知名度的还有“同盛祥”“贾永信”“铁志坚”等。除了腊羊肉，他们还经营腊牛肉、酱牛肉，味道都极其鲜美。

“辇止坡老童家”

相传庚子之变，慈禧、光绪从北京仓皇出走，经河北、山西，来到西安。一天，慈禧亲自出巡，炫示“圣恩”。当御辇抵广济街口时，忽然有异香扑鼻，令停车询问，知是“老童家”的腊羊肉香味，于是要“御口恩尝”。肉铺掌柜童明切了一块上好腊羊肉奉献上去。慈禧品尝之后，赞叹不已，并赐军机大臣鹿傅霖等琢磨出的匾文“辇止坡”。原来，当时的西安街道都是土路，由城隍庙到广济街地势渐高，自成坡形，“老童家”肉铺恰好位于斜坡东端，慈禧坡前止辇，故以此名。由此，兵部尚书赵福桥的老师邢庭维手书的“辇止坡”金字招牌，便悬挂于“老童家”门首，招徕四面八方的食客。至今，每逢年节，远近的“老西安”们常常不惜排长队等候，以能买上几斤“辇止坡老童家”腊羊肉品尝美味、馈赠亲友为快事。

腊羊肉的制作

腊羊肉以带骨鲜羊肉为主料，辅料有硭硝、精盐、花椒、桂皮、八角、草果、小茴香等。做腊羊肉所用的羊，颇为讲究，过去专用甘肃西峰镇、肖金镇的，现在多为陕北榆林、延安的羊只。

腌肉

在大瓷缸内倒入井水，将羊肉皮面相对，折叠起来排放缸内，再将精盐、硭硝撒在肉上进行腌制。腌肉的时间，春秋季三四天，冬季四五天，夏季一两天。在腌的过程中，每天要翻倒一两次，并用木棍将盐水搅拌，腌至肉色里外变红为度。

煮肉

先将老卤汤倒入锅里，再加清水，以淹没肉为度。将花椒、八角、桂皮、草果、小茴香装入净纱布袋里，扎紧袋口，下入锅里，旺火烧开，撇去浮沫。将羊肉皮面向上，分别老嫩下锅。锅开后，下入精盐，加上木板，上压石块，盖上锅盖，旺火煮半小时后，改用小火煮约4小时，煮至烂透为度。

捞肉

揭去锅盖，撇净浮油，将火压灭，焖半小时，待锅里汤的温度下降后，再用长竹棍将肉挑起（仍皮面相对），用大铁笊篱托起，去骨头，扣放在大瓷盘里，然后将肉皮面向上平放盘内，用煮肉原汁汤冲浇肉面，滗去汤汁，用净布搌干即成。

腊羊肉的吃法有多种，西安穆斯林最常见的吃法是用饦饦馍夹肉吃，还可把腊羊肉切成片，浇上油泼辣子、香醋和蒜泥汁，做成凉菜，也非常美味。

名店搜索

辇止坡老童家腊羊肉
地址：西安市北广济街

笼笼肉

笼笼肉以在小笼内蒸熟而得名，其肉香而不腻，味醇而柔润，一般用合页饼夹着吃。在西安，笼笼肉多为饮食摊点经营。

笼笼肉的制作

原料加工

把猪肉漂洗干净，剔除排骨，将肉切成约6.6厘米长、0.6厘米厚的片，排骨剁成约1.6厘米长的块，一起放入盆中。大米用水浸泡4小时，碾成米糁。在辣子酱里掺入清水，和匀，用细竹筛过滤后，与精盐、五香粉、料酒、姜末、甜面酱、大米糁搅拌均匀，随后和肉片、排骨搅拌在一起备用。

蒸熟

取直径约10厘米的小笼若干，将拌好的肉片、排骨分匀装入笼内，排放整齐（每笼先放肉片四五片，再放排骨两三块）。然后，将小笼摆放在蒸锅上，用旺火蒸约50分钟即成。

合页饼

合页饼也是西安传统的小吃，它与烙饼不同，是面粉加酵面用蒸法制成，呈扇形，分上下两层（页），多用来夹笼笼肉、粉蒸肉、条子肉等食用。

粉蒸肉

粉蒸肉是西安传统风味小吃，系面粉与薄肉片加调味料搅拌均匀蒸制而成。其肉片绵软，滋味醇香，营养丰富，四季咸宜。

粉蒸肉的制作

原料加工

将猪肋条肉洗干净，沥干水分，切成约6厘米长、2.6厘米宽、0.3厘米厚的片，放入盆内。加入精盐、花椒粉、姜末、料酒，用手搅拌均匀。渍30分钟后，在盆内再加水，和肉片搅匀，再倒入面粉，搅拌至面粉粘满在肉片上即可。

笼蒸

在笼屉里铺上湿布，将肉片平摊在上面，加盖，置锅上，用旺火蒸约2小时，待肉熟后，用筷子将蒸肉略加搅动、拨散。食用时，装入盘中。也可将肉片装入碗中入笼蒸熟食用。

名店搜索

五一饭店

地址：西安市东大街351号

典故传说

早在200年前，清代袁枚所著的《随园食单》一书中即记有“粉蒸肉”的制法：“用精肥参半之肉，炒米粉黄色，拌面酱蒸之，下用白菜作垫。熟时不但肉美，菜亦美，以不见水，故味独全。”西安粉蒸肉现在的制法是在清代粉蒸肉的基础上，对调辅料作了一些调整，不再用白菜作垫，增加了调味料，使醇香味更突出。西安五一饭店的小碗粉蒸肉已被中国烹饪协会认定为“中华名小吃”。

粉蒸牛羊肉

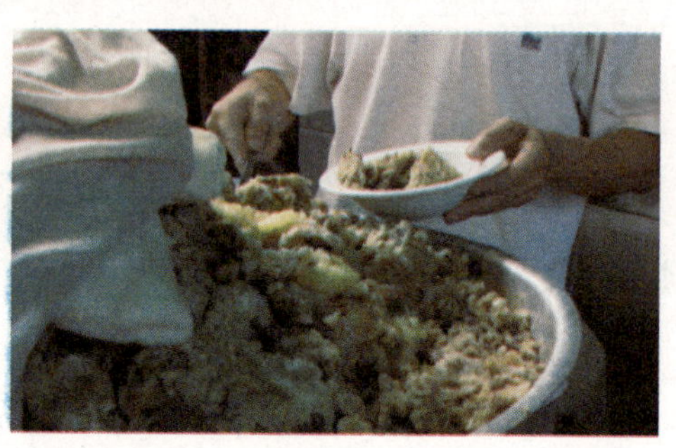

粉蒸牛羊肉，即粉蒸牛肉或粉蒸羊肉，是西安穆斯林百姓擅长制作的一种风味佳肴，其油润酥绵，肥而不腻，营养丰富，老幼咸宜，既可单吃，也可以夹馍（饼）吃，尤宜秋冬季节食用。

粉蒸牛羊肉的制作

原料加工

将绵羊肉或牛肉洗净，切成约4厘米长、1.6厘米宽、0.6厘米厚的片，放入大瓷盆内，加入五香粉、精盐，用双手搅拌均匀，渍5分钟。然后加入清水继续搅拌，随之先倒入一点面粉，拌匀后，再倒入面粉，并迅速用双手搅拌至面粉粘附在肉上时为止。

蒸熟

在蒸笼里铺上湿屉布，将拌好的肉平摊在屉布上，约铺6.6厘米厚，要摊得松，有空隙。锅内加水，放上笼屉，用旺火烧开，改用中火蒸约2.5小时即成。

定家小酥肉

西安回坊上用牛肉做的定家小酥肉，滑嫩酥软，筋韧适口，油而不腻，汤汁鲜美，也号称西安风味美食之“奇香一绝”。

酸汤水饺

酸汤水饺在西安的流行，与西安人喜酸的习性密不可分。

酸汤水饺在皮面、馅料和包制、煮熟上与一般水饺无异，关键在于它的酸汤调制比较独特。

配制酸汤水饺的醋是经过特别加工的：首先在醋内加入30%的水（水与醋之比），再放入八角、小茴香、丁香等一块入锅进行熬制。待醋泛泡时加入适量红糖（醋与红糖之比是50：1），再熬制半小时左右，待消除了醋的苦涩味，增加了酸甜味即成。

一碗酸汤水饺内放的各种调味品可达13种之多，诸如虾皮、熟芝麻、香菜末、韭黄末、牛油、芝麻油、鸡油、熬制的甜醋、酱油等。

在西安街头，回族百姓经营的酸汤水饺，以牛羊肉和其他时鲜蔬菜、调料配制成馅料。将鲜嫩的羊（牛）肉水饺放在特别的酸汤内食用，其味更加鲜美，诱人食欲，助人消化。

西安饺子宴

西安饺子宴是中国几千年烹饪史上从未有过的宴席，是把小吃推上宴席的创举，具有鲜明的地方特色、浓郁的时代气息，被誉为“神州烹饪一绝”。

我国北方地区城乡盛行饺子，但馅料一般局限在肉、蛋、果蔬，熟制方法亦不外是煮、蒸两种，而有着70多年历史的“中华老字号”西安德发长饺子馆、解放路饺子馆分别于1984、1985年研创推出的饺子宴，其馅料丰富，制作精巧，花色品种繁多，风格独特典雅，在全国烹饪界引起强烈震撼。有诗赞曰：“一餐饺子宴，尝尽天下鲜。美味甲寰宇，疑是做神仙。”

宝钏荠菜饺

宝钏荠菜饺，是西安饺子宴品种之一，其特点是皮薄略透绿色，口感软嫩，团馅有汁，有荠菜的清香味。

宝钏荠菜饺的制作

荠菜洗净，用开水焯过，剁成茸，挤去水分；大肉用绞肉机绞过，放盆中，加精盐、白糖、葱末、姜末、胡椒粉、味精适量，依次加水搅拌成糊状，放芝麻油，倒入荠菜拌匀。

将面团搓条、揪剂，用擀杖擀成边薄内稍厚的圆面皮。

左手托皮，右手持刮馅板刮入馅，右手的拇指、食指先捏出一个叉，再用拇指、食指捏住两条边，均匀对称，然后从右向左推捏褶裥至1/5处，捏出一个叉。放入笼中，摆成图形，蒸熟即成。

西安地区人们在冬至日讲究吃饺子，据传是因为当年名医张仲景见冬寒时许多人耳朵冻烂，便用羊肉、辣子及一些药物配制成馅，以面皮包成饺子煮熟让人食用，一些冻伤耳朵的人吃后耳伤见好，从此便流传下“冬至日吃饺子不冻耳朵”的习俗。

名店搜索

德发长饺子馆

地址：西安市钟鼓楼广场

解放路饺子馆

地址：西安市解放路278号

宝钏荠菜饺取材于秦腔剧《五典坡》讲述的故事。相传唐朝相府的三姑娘王宝钏抛彩选婿选中平民薛平贵后，不顾父母劝阻，毅然脱离富贵的相府，贫居西安城南郊五典坡寒窑（曲江），以附近野地里荠菜为食，苦熬了十八个春秋，后来，终于与被征从军归来的丈夫薛平贵团聚。因此，这道以荠菜、猪肉为馅料制成的蒸饺，不仅可以使人领略“春在溪头荠菜花”的田野春色，而且引起人们对古长安“曲江流饮”的思古遐想，也给此饺增添了绵长的韵味。

“德发长”

位于西安市钟鼓楼广场的德发长饺子馆，是1935年由商人赵继武聘请著名烹饪技师创办。“德发长”三字是赵老板自己取的店名。门庭大匾是西安解放后陕西省省长赵伯平亲笔题写的。据该店元老谢振杰先生讲：“当时赵老板在经营过程中，以德为宗旨，以信取人。不管市面上物价怎样暴涨，他总是坚持饺子独特的风味，保证饺子的质量。”正是由于该店讲究一个“德”字，求着一个“发”字，盼得一个“长”字，虽几经风霜，多次变迁，始终兴旺不衰。当年诗人贺敬之在该店进餐后，欣然留墨：“宴文宴友饺子宴，长忆长安德发长。”

太后火锅饺

太后火锅饺，是西安饺子宴品种之一，其特点是汤色乳白，料品丰富，饺小如珠，软嫩可口，汤鲜味浓。

太后火锅饺的制作

鸡脯肉砸成茸泥，虾仁砸茸；分次加水搅拌成糊状。

番茄去皮切成方丁，罐头蘑菇切成片，虾仁洗净，韭黄洗净切成段。

将冷水面团搓条、揪剂，用擀杖擀成边薄内稍厚、大拇指甲盖大小的圆面皮。

将面皮托入左手四指中间，右手持刮馅板将馅压入面皮中心，左手向上合拢皮边，与右手配合包住馅心，捏成半圆饺。两端皮边相对转捏一起，放盘中。

将鸡鸭汤倒入火锅内，点燃火锅下面的酒精，汤烧沸，将火锅端上餐桌，先倒入饺子，待熟，依次倒入番茄、蘑菇、青豆、虾仁、韭黄，加精盐、味精、胡椒粉适量即成。饺子熟后，用小铜勺连鲜汤一并舀入碗中，即可食用。

典故传说

相传当年庚子之役，慈禧太后携光绪皇帝逃至西安。一天晚上，慈禧忽然想吃点稀奇食品，并要当面制作。聪明的御厨想到慈禧平时爱吃鸡，便选用鸡脯肉作馅料，包制成一种状若杏核大小的珍珠饺，在一具古色古香的紫铜火锅内盛入鸡鸭汤，再放入蘑菇、青豆、海米、韭黄等辅料，当着慈禧的面点燃火锅下面的酒精，顿时淡蓝色火焰像一朵怒放的菊花，锅里沸腾的鲜汤香味四溢。厨师将珍珠饺子下入锅内，顷刻即熟，然后用一把小铜勺给碗里盛入鲜汤，再盛进三只小饺子。俗称：三六九，往上走。三是一个巧妙的吉数，饺嫩汤鲜，吃法别致有趣，慈禧大悦，“太后火锅饺”也由此得名。

馄 饨

馄饨，在我国已有一千多年的历史。南北朝有偃月形馄饨，唐代有“生进二十四气馄饨”，“花形、馅料各异，凡二十四种”。用24种馅料，做成24种形状不同的馄饨，可见当时制作技艺之精湛。唐段成式《酉阳杂俎》中记载：“长安肖家馄饨，漉去汤可以煮茶。”意思是说，把馄饨汤倒出来可以泡茶，可见其汤之清。时至今日，西安馄饨仍然保持着唐代肖家馄饨的特点，以配料多样、制作精细、汤清味鲜、皮薄筋韧、馅香脆嫩而著称。

馄饨的制作

制馄饨皮

用温水与鸡蛋清将面粉拌成面絮，再加温水搓成硬面团。饧5分钟后，再用温水调软、揉光，擀成长方形面片。然后用两根擀杖从面片两端卷起，反复擀至其薄如纸时（擀时用干淀粉作醭面）折叠起来，切成6厘米见方的面片，即成馄饨皮。

制馅

将猪肉剁成茸，加入姜末、料酒、精盐，拌匀后再分次加入清水，搅至肉、水融和，然后加芝麻油、味精搅匀，制成馅子。

制菜码儿

把虾米（湖米）用水漂洗干净，韭黄切成1厘米长的节，鸡蛋摊烙成蛋皮，与紫菜都切成约0.66厘米宽、3.3厘米长的丝。

制汤

锅中添入清水，把母鸡、猪骨头洗净，放入锅中，旺火烧开后，改用小火熬约5个小时，撇去浮油，舀入另一锅中，兑入适量的开水，坐小火上备用。注意一定要保持汤色清亮。

煮熟、调味

取馄饨皮一摞，逐个包入馅子（约4克重），裹成馄饨，下入开水锅中。在碗中先舀入鸡汤，加酱油、精盐、味精少许。锅开后，将馄饨捞入碗中，撒上虾米、鸡蛋皮丝、紫菜、韭黄节、胡椒粉各少许，淋入芝麻油即成。

馄饨

馄饨，也叫抄手，应该说是饺子的一种。在玉润玲珑的饺子出现之前，类似饺子的面食，即称作馄饨。为什么叫作馄饨呢？一说据《资暇录》的解释，“以其浑沌之形”而名之；一说据《通雅·饮食》，因为其乃浑氏、顿氏创制，故转音取名馄饨。

西安回坊上的麻乃馄饨馆，虽然店面局促，但其牛肉馅的馄饨个儿大、馅儿足，汤味浓，吃起来也很享受。

辣子疙瘩

辣子疙瘩是一种由素馅疙瘩、美味的肉臊子、香浓的辣油肉汤相配而成的小吃。它是西安户县特有的小吃，也是当地人招待亲友的上品之一。

相传辣子疙瘩最初在民国初年，由户县西街书院巷一位姓姬的老者创制经营。由于其作料齐全，汤鲜味浓，香气四溢，招徕了不少顾客。民间歌谣曰："辣子疙瘩出了巷，街头街尾到处香。争先恐后去排坐，只怕迟了不见汤。"

辣子疙瘩的制作

制馅

将虾米、水发香菇、猪臀尖肉分别切成小丁，蒜苗切成丝。炒锅内添入菜油，旺火烧至八成热时，先倒入肉丁煸炒，烹醋，下入甜面酱、精盐，再下虾米丁、五香粉，加肉汤，用小火煨至熟烂后即成肉臊子。把韭菜、小白菜洗净剁碎，加入五香粉、虾米丁、精盐、芝麻油，搅拌成馅。

制皮

用温水将碱面、精盐化开，倒入上白面粉中，和成面团，揉光、回饧，先擀成薄片，再切成三角形片。

包馅

把馅放在三角形面片上，将面片的一角回折在面片的2/3处，然后将另两个角都向里回折，压牢，就成为疙瘩。

煮熟、调味

给锅内添入肉汤，用旺火烧开，下入疙瘩。汤开后，加入香菇丁、精盐、油泼辣子、肉臊子。煮2分钟后，放上蒜苗丝，盛入碗中。吃时佐以大蒜，味道更佳。

做辣子疙瘩要用的油泼辣子，实际上不是烧热的油泼的，而是温油泡的，它将辣味全部浸入油中，既无辣烈之感，又散发出一种辣香宜人的味道，真可谓是辣而不烈，辣香扑鼻。

做成后的辣子疙瘩，其上红油漂浮一层，配料色泽鲜艳，馅心清素，肉块酥烂，汤汁酸辣，香味扑鼻。在户县，招待至亲好友吃辣子疙瘩，讲究“两看”：一看辣油厚不厚，二看客人嘴唇红不红。若油厚，嘴唇红，说明主家待客厚道，热情诚恳；否则，就是待客轻薄、不厚道，要遭责备。

辣子

辣子是关中人的看家菜肴，不论是拌面就饼，还是啜粥吃馍，关中人一日三餐几乎都少不了它。西安传统风味名吃羊肉泡、葫芦头、粉汤羊血、辣子疙瘩等，之所以成为“名吃”，与其又油又辣大有关系。因此，在关中，有“无辣不下饭，无辣不成席”之说。人们都知道四川人、湖南人爱吃辣椒，殊不知关中人更是把辣椒视为命根子。关中地区的农户几乎家家门前都挂着一串串红彤彤喜人的辣椒。在关中，无论是城市还是农村，几乎家家都备有一个装着辣子面的辣罐子，还有一个盛着油汪汪、红艳艳的油泼辣子的碗碗或碟碟。关中人喜食辣椒，因而性子躁，干活猛，说话火。嗜食辣子的习惯，就如同依恋古老的黄土地的情结，会一代人一代人地流传下去。

秦镇米皮

秦镇米皮，陕西凉皮“四大花旦”之一，因产于西安户县秦镇而得名，又叫秦镇凉皮，以大米为主料蒸制而成。

长期以来，在关中地区流传着“乾州的锅盔岐山的面，秦镇的皮子绕长安”的俗语。可见，秦镇米皮很早以前就与乾州锅盔、岐山臊子面齐名为关中地区三大著名面食。

秦镇即秦渡镇，位于西安户县沣河西岸，这里曾是西周的京畿之地，气候温和，土地肥沃，盛产优质稻谷。用这里出产的稻米磨浆制成的米面皮子，以色白光润、筋薄细软、柔韧爽口而著称。

典故传说

相传秦始皇时，有一年关中大旱，沣河缺水，户县秦镇一带稻子干枯，百姓心急似火，官府还催逼纳贡大米。大家无法，只好在田里挖井浇地，费了九牛二虎之力，好不容易才长出了稻穗，可收割后，碾出的大米又小又干巴，根本没法向皇帝纳贡。大家正在发愁的时候，有个叫李十二的，用这种米碾成米面，蒸出了米皮，大家吃后，个个称奇。于是李十二带着米皮，和纳贡的人来到咸阳。秦始皇见贡米又少又差，传旨问罪，李十二急忙跪奏道：“此米虽差，却能制出佳肴，今奉上面皮，望万岁御品。”秦始皇吃了米皮，其味甚美，颇感稀奇，这才赦了众人之罪，并让李十二天天蒸上几张米皮供他食用。后来，李十二在一年的正月二十三去世，秦镇一带的人们为纪念他，在这天总要蒸些米皮，这种米皮一直延续到今天，成了户县秦镇的驰名小吃。

秦镇米皮制作工艺
薛家老店
大米面皮

清代，秦镇街上就有许多家专营米皮的店铺，就其品质而言，较有名气的要数药王楼下的“皮铺子赵家”和城隍庙前的“秃雁娃皮子”了。改革开放后，秦镇涌现出了三四十家经营米皮的店家，家家生意红火，还出现了米皮培训中心，主要为外地培训米皮制作人才。

20世纪末，“皮铺子赵家”在其第三代传人、年已八旬的赵克宽老人的指导下，继承了老辈的经营特色，严格选择主料，所用调料考究，菜码儿要经水焯，食醋要兑水后使用，以免皮子断节，过往游客不但就地品尝秦镇皮子，且有用荷叶包装皮子带回去与家人共同分享。

现如今，秦镇米皮不仅传播到西安及周边地区，而且辐射到全国各地，成为誉满神州的特色小吃。为了发展壮大秦镇米皮这块金字招牌，维护秦镇米皮的声誉，树立正宗，打击假冒，造福秦镇子孙后代，2007年4月6日，户县秦镇凉皮协会成立，经过评审，对设在秦镇和西安、达到秦镇米皮工艺水平的30家店铺颁发了首批“会员单位”的牌子，甚至还有了中国秦镇凉皮网。

制作秦镇米皮，要掌握好淘米、蒸制、调味三个环节，其中蒸制、调味最为关键。具体地，先将大米淘洗干净，放凉水中浸泡一两天，捞入石磨中，徐徐加水磨成米浆，加入精盐搅匀，用沸水烫开，再加凉水制成浓米浆，把干净湿布铺在笼上，摊上米浆约0.66厘米厚，抹平，上笼用旺火蒸约10分钟即熟，取出晾凉，每张抹上菜油少许摞起。食用时，用近1米长、20厘米宽、重约5千克的专用大铡刀铡成细条。吃时按需要量分别调味，放入用开水焯过的绿豆芽、黄豆芽，配以精盐、蒜泥、酱油、味精，特别还有香醋和辣椒油。调制好的米皮，白中透红，红里透香，红艳艳，香喷喷，薄而细，筋而柔，软而嫩，爽而凉，非常美味。

名店搜索

薛家老店（薛昌利凉皮）

老店地址：秦渡镇商业街

西安店地址：西安市南关正街

汉中面皮

陕西南部的汉中，土地肥沃，物产丰富，盛产大米，有“小江南”之称。汉中富有地方特色的小吃约有100多种，而在西安亦颇流行的陕西凉皮“四大花旦”之一的汉中面皮，又叫汉中米皮，则是汉中众多小吃中之佼佼者。

在汉中街头，清晨、中午、晚上，随处可看到或男或女或老或幼或坐或站吃米面皮的情景，因而被称为“汉中一景”。而且，汉中人吃米面皮不仅吃晾凉后切成丝的“凉皮”，还吃刚从蒸笼上取下切成宽条的“热皮”，再配上菜豆腐和小菜一碟，吃得是津津有味。

典故传说

相传楚汉相争时期，刘邦在汉中称王，命萧何修筑山河堰，粮食连年丰收，农民为改善生活，把面粉加水稀释，蒸成薄饼，切条凉拌而食。一日，刘邦微服私访，进入百姓之家，好客的农民便以凉拌蒸饼切成丝条招待。刘邦边吃边称赞，问及名称，农民说不出来。刘邦听了制作方法后哈哈大笑，信口说道：“用蒸饼切成的像面条的皮子，就叫‘面皮’吧！”后来，人们改用重叠式蒸笼，一次可蒸数张，而且又大又薄，切成细条，筋丝柔韧，软而不断，恰像皮条，“面皮”这一名称就一直沿袭下来。随着时间的推移和制作者的创新，面皮不仅工艺越来越精细，而且将主料由面粉改为米浆，又称为米面皮子、米皮。

汉中面皮的制作

将大米用清水淘洗干净，放入缸中，浸泡两天磨成米浆，加入精盐后用沸水烫开，加凉水制成浓米浆。将干净湿布铺在笼上，摊上厚约0.66厘米的浓米浆，抹匀，上笼旺火蒸约10分钟，取出晾凉，即成为光洁、白嫩、柔韧、爽滑、比牛皮纸略厚的面皮，抹上少许菜油，切成面条状的丝，调入各种调料、作料即可食用。食用时，以黄瓜丝或经沸水焯过的绿豆芽作为垫底菜，再放入面皮丝，调入精盐、酱油、香醋、油泼辣椒、味精，搅匀，碗中红、白、黄、绿色彩纷呈，油汪汪、香喷喷、滑爽爽、筋丝丝、软溜溜，诱人食欲，光滑润泽，沁凉清香，可口宜人。

热皮

菜豆腐

菜豆腐，乍闻其名，似乎是一种菜肴，实际是以黄豆、大米为主料，辅以菜蔬、辣椒油烹制而成的质地极嫩的菜豆腐粥。其豆腐细软，米香宜人，酸、辣、鲜、香、爽兼备，营养丰富。

“面皮知府”

据说清康熙年间，汉中人张某在河南汝阳做知县。有一年，朝廷派钦差大臣代天巡狩，到汝阳时，张知县匆忙中未备酒席，临时用家乡的面皮招待。哪知钦差大臣沿途吃喝，早觉胃口油腻，一尝面皮，喜之不尽，并特意问起制作方法。钦差回朝不久，张知县就升任洛阳知府。人们一致认为张知县很可能是一餐面皮讨得了钦差大人的欢心，从而升官晋爵。于是张某就被老百姓戏称为“面皮知府”。

麻酱凉皮

麻酱凉皮，因吃时调有芝麻酱而得名，陕西凉皮“四大花旦”之一，以面粉为主料蒸制而成。关中方言“ràng”有筋软、柔韧之意，所以，麻酱凉皮也以其筋软、柔韧被关中人称为“ràng皮”，写作“酿皮”或“穰皮”。

相传，麻酱凉皮系由唐代冷淘面演变而来。它既像凉面，又不同于凉面，具有白亮筋韧、酸辣咸香、清爽利口、解暑充饥、老幼咸宜的特点。盛夏时节，它是关中城乡居民餐桌上的必备品。既可凉调，也可炒食，既可单吃，也可以与蒸馍、锅盔、烧饼同吃，还可以作为下酒佳肴。近年兴起的“农家乐”，也多向游客提供这种面皮，颇受青睐。

麻酱凉皮的制作

做麻酱凉皮时，先将面粉放入盆中，加水，用木勺搅拌成稠浆糊，加入精盐，继续加水，并用力搅拌成稀浆糊，再加水，同时，把碱面用水化开，倒入盆中，再继续搅拌均匀，用勺扬起，能拉成条，即成面浆。

蒸笼里铺上净屉布，倒入面浆，旺火蒸20分钟即成面皮。

将面皮翻倒到案上，扯去笼布，抹上菜油，摞放到案上，晾凉。

切时把面皮平铺到案上，左手展平，拇指蜷回，轻按住面皮，右手持刀直切。左手挨住刀不停移动，右手所持的刀不停地切着，切完为止。

将焯熟的绿豆芽放入碗底，再放入面皮，然后调入芝麻酱、精盐、酱油、香醋、蒜泥、辣椒油即成。

岐山擀面皮

如今在西安颇流行的岐山擀面皮，原名岐山御京粉，又称岐山面筋皮子、面皮，是陕西凉皮“四大花旦”之一，其风味特点是白（色泽乳白）、薄（薄而匀称）、光（光滑透亮）、软（松绵柔嫩）、筋（筋韧耐嚼）、辣（辣香适口）。

擀面皮的做法，同米面皮和麻酱凉皮不同。米面皮和麻酱凉皮是把米、面和成浆蒸制而成，岐山擀面皮是先擀成面后上笼蒸，蒸熟后再切成比米、面皮稍宽的条状。其吃法和米皮基本一样，不同于米皮的是，擀面皮口感较硬，韧度高，有筋性。

典故传说

相传清代康熙年间，岐山县北郭乡八亩沟村王同江在皇帝御膳房里当司厨。他根据自己多年的丰富经验，在实践中首创出擀面皮这种面食，由于在京城仅作为御膳，故名御京粉。康熙末年，王同江年老归乡，在八亩沟收徒传艺，开设店铺，经营御京粉，从此，宫廷食品传入市肆民间，并成为陕西凉皮“四大花旦”之一。

据说王同江收徒传艺，仅限于本村之人。清朝同治、光绪以后，擀面皮的制作技艺方逐渐传播开来，岐山从此业者骤增，并外出经营，遂向凤翔、虢镇、眉县、扶风等地扩散，但以质量和特点而论，仍以八亩沟村为最佳。

岐山面皮以“广善面皮”为上品，其制作者邢广善为北郭乡八亩沟人，自幼即操此业，数十年来他不断总结，形成了自己独有的风味，成品质细色白，筋而不硬，绵而不粘，外地人纷纷慕名投师学艺，其技艺广播西府。近年来，岐山擀面皮已传播到古城西安及其他城镇。除传统的蒸皮外，还出现了烙面皮等品种，均备受百姓青睐。

醋粉

醋粉，又叫醋糟粉，关中风味小吃，系农家醋糟与面粉和浆蒸制而成。应该说，醋粉是陕西凉皮中比较特别的一种。

岐山擀面皮的传统制作

制面筋

上白面粉用清水和成面团，盘软揉光，放入大瓷盆内，倒入清水，用两手将面团托起，用手指与手掌揉洗5分钟，再加清水揉洗。如此反复，加水揉洗十多次，直到没有淀粉成为面筋块时为止。然后将面筋块用清水冲洗，放案板上回饧半小时。淀粉水待用。

制淀粉浆

在一个大瓷盆上放上木架，将110号的铜丝罗放木架上。把淀粉水用水瓢舀入铜丝罗，过滤到盆内，滤出的碎面筋，放在面筋块上，如此过滤5次。大盆内的淀粉水沉淀约3至4小时后，撇去清水及杂质，只留淀粉浆。

制面筋条

将面筋分别揪成每个重约50克的剂，扯长挽成疙瘩，放入大锅内煮熟。捞出，晾凉后，撕成长约5厘米、宽约1厘米的条，即成面筋条，放入一大筛内。

制面块

用口径约59厘米的铁锅，放小火上烧热，先在锅底刷一层菜油，再用大瓢舀淀粉浆约900克，倒入锅内，立即用一块长方形小木板不断搅动，使淀粉浆凝结成面块。然后用特制的“木泥子”不断推动盘压，使粉浆受火均匀，直至面块约八成熟、有韧性时即可。依此方法，分次将淀粉浆做完。

制面皮

大案板上放置一块厚约8.3厘米、宽约50厘米、长约99厘米的木板，要平正光滑。给板上抹菜油25克，放上制好的面块，趁热稍揉搓，盘光，摆放在木板的一端，用湿布盖上，保持温度。从发热的面块中，揪取约125克的剂，用力揉搓成长约33厘米的条，用手拍压成厚约1.3厘米的面片，抹上一层菜油，然后用直径约1.6厘米、长约33厘米的擀面杖，在面片中间一压，就势两臂用力均匀地向前推擀至边缘，再向后回擀，一次擀成厚约0.33厘米的薄面皮，再抹上一层菜油，用刀将四周边缘切去，成为33厘米见方的面皮片。如此反复制作，一张张摞起备用。

笼蒸

每七张一摞，每摞蒸一笼，上笼用旺火蒸约40分钟，取出，待凉后，一张一张分开，切条，即成擀面皮。

制调料

将八角、草果、桂皮、干姜、小茴香混合研成极细的粉末，配成调料面。炒勺内放入菜油，用旺火烧至十成热，离火，待油温降至五成热时，加入辣椒面、调料面，将炒勺放回火上，加热至近100℃，即成调料辣椒油。把精盐化成盐水待用。

调味

取面皮、面筋条，放入小碗内，根据食者的口味轻重及爱好，分别调入盐水、香醋及调料辣椒油，搅拌均匀，盛入碗内即成。

面筋凉皮

面筋凉皮，陕西凉皮的一种，其制作工艺与擀面皮一样，有制面筋、制淀粉浆，不同的是，面筋凉皮是像米面皮、麻酱凉皮一样，将淀粉浆上笼屉蒸熟而成，其调制则与岐山擀面皮基本相同。

𰻞𰻞面

𰻞（biáng）𰻞面，亦有写作“奤奤面”，关中民间传统风味饮食，具有色泽鲜艳、吃口柔韧、淡雅清香、筋而有味的特点。

关中民谚有云：“油泼辣子𰻞𰻞面，越吃越美赛神仙。”关中百姓喜爱、嗜食𰻞𰻞面的程度，由此可见一斑。

相传康熙年间，一天，有一位骑着毛驴商贩打扮的人，悄悄来到了西安临潼鱼池村，在村西头姓房的农家住了下来。房姓本是普通农户人家，为人厚道淳朴，他用自己磨的上等白面，擀成面条，配上鸡蛋和菠菜等，做了一顿𰻞𰻞面，热情接待了这位商贩。那吃惯了山珍海味的客商，一尝这别具风味的民间面食，食欲倍增，询问主人怎样烹制出如此美味的佳肴，主人当即伸出了三根指头，回答说：“红嘴绿叶玉石板，金色的鱼儿浮水面，釜中两沸即成餐。”一句话交代了原料、辅料和制作要领。

原来，这位客商打扮的人就是巡视新疆、甘肃途经陕西，驻跸临潼温泉的当朝皇帝康熙。康熙回宫之后，闲暇之时，经常思念这顿美餐，就命御膳房高厨按上述三句制作秘诀烹制，但是，御厨费尽了心思，怎么也制作不出来。康熙无奈，只好下诏将这位房姓农夫请进北京，专门为自己做了一顿𰻞𰻞面，如愿以偿饱了口福。高兴之余，康熙问庄户人家有何需求，农夫言连年歉收，纳不起皇粮，康熙当面恩准予以免税，过后又下达了正式文书。至今鱼池村附近百姓中还流传着清朝鱼池村不纳皇粮的故事。

𰻞𰻞面的制作

将面和硬调软，擀成约0.3厘米厚，切成3.3厘米宽、13.2厘米长的长方形面片。将葱花、菠菜、红萝卜稍煸断生，煸时加精盐、酱油、五香调料面（用量较重）。锅内添入生水，汤沸，下入面条，沸后，甩入鸡蛋絮（要求鸡蛋成薄片），下入菠菜、红萝卜片。另将葱花煸炒至熟，倒入锅内，成为红、黄、绿、白四种颜色，再沸，调入精盐、酱油即成。醋有两种用法，一是直接调入锅内，二是用盛器另备，由食者自调。同时备有“油泼辣子”，由吃者自己调入。

一点飞上天,黄河两头弯。八字大张口,言字往进走。左一纽,右一纽,左一长,右一长,中间来个马大王。心字底,月字旁,两个贼娃立在旁，坐上车车走四方。

——“ ”字口诀

油泼辣子

在关中，几乎每一户人家、每一个小吃餐馆的餐桌上，都有一碟或一小罐油泼辣子。油泼辣子讲究要用身材细长的尖椒，研磨也须粗细合适。泼辣椒时，油温要掌握得恰如其分，烧得太热没有香味，泼出的辣椒会焦糊发黑；烧得不够，泼出来的辣椒半生不熟。关中人吃面条，要用油泼辣子调得通红；吃馒头，要将油泼辣子夹在其中，有“油泼辣子热蒸馍”之说。

“碗盆分不开”“面条像裤带”，“关中八大怪”中的这“两怪”，应该说概括了关中饮食风俗中biangbiang面的特色。

手工软面

秦地自古以面食为主，而一直以来，能当长安面食之精髓者舍biangbiang面外别无他物。biangbiang面是集关中面食之大成者，除了前面介绍的手工擀制汤面外，biangbiang面还有一系列的衍生品种，如手工软面、裤带面等，其面均讲究和软、擀厚、切宽、扯长，“擀厚切宽像裤带，爽口耐饥嫽得太”。说起来，饮食的基本目的是果腹，这长宽厚筋、光柔耐饥的面当然对了下地卖力的关中汉子们的胃口。

裤带面

裤带面是关中人非常爱吃的一种面食，以又宽又长、形似裤带得名。

吃裤带面一般不以碗计而以根算。饭量大的壮汉可以吃上十来根，饭量小的姑娘老人吃上两三根就相当饱了。吃时侍者端上一盆煮好的热气腾腾的面条，盆内漂着绿菜叶，白绿相映甚是清爽悦目，再配以调碗，调碗内放有各种鲜香调味品及西红柿、葱花、香菜等漂菜，挑起一根面放到调碗内，嗤溜溜地吸进嘴里，慢慢咀嚼，甭提有多香了。

油泼箸头面

油泼箸头面以形如箸头、经油泼浇而得名，又叫油泼棍棍面、香棍面。制作时，煎油泼入面中发出“吱吱”的响声，油香四溢，未食其面，先闻其香，吃起来更是油香爽口，回味悠长。

相传清朝时期，西安西大街桥梓口有一家面店，专营此面，为满族人所嗜食。因面条均匀，细圆如箸，人称箸头面。后以西安竹笆市福顺隆饭馆的箸头面最有名气。“福顺隆”的箸头面韧而软、光而筋、滑而爽，下到锅里不烂不粘，吃到嘴里既光又滑，加上以熬制酱油、熬制醋为作料，故其味道特别鲜美。

油泼扯面

油泼扯面也是西安街头常见的一种面食。其制作工艺与油泼箸头面（也即油泼棍棍面）大同小异，只是在面剂处理时将其擀开再拉扯成宽长的面条而已。

油泼箸头面的制作

和面

将精盐用温水化为盐水。把上白面粉倒入盆里，陆续加入盐水，先搓成面絮，再揉成面团，然后蘸水调软。反复揉搓约10分钟后，揪成每个重约150克的面剂，再搓成条，抹上油，摆放整齐，盖上湿布，待回饧后备用。

抻面

将面剂先搓成长约26厘米的条，再拉至约50厘米左右长，排放整齐。左、右手各执面条一端，轻轻提起，两臂略伸，用力一扯，随即在案上一弹，两臂张开一扯，然后用右手将面的两头捏住提起，左手食指、中指伸入中间弯折处，略加弹动，两手分开徐徐向外抻扯。再用左手无名指、小指把面条中间挂住，将左手食指与中指原挂的面交到右手，再左右向外抻扯。如此两三次，即成细如麦秆的“箸头面”。

煮熟、油泼

将抻成的“箸头面”随手投入开水锅中，用旺火煮熟。先在碗内放入适量的精盐、熬制酱油、熬制醋，再捞入面条。将青菜少许放在面上，加上辣椒面，用九成热的菜油泼在辣椒面上，即成油泼箸头面。用筷子搅匀食用，油香扑鼻，回味无穷。

岐山臊子面

岐山臊子面是关中西府传统面食品，以薄、筋、光、煎、稀、汪、酸、辣、香而闻名。薄、筋、光，指面条之质；煎、稀、汪，指汤水温度要高，面少汤多，油、肉要多；酸、辣、香，指调味之美。关中西府人每遇婚丧喜事或逢年过节，都用臊子面款待宾客。改革开放后，古城西安街头涌现出了许多具备相当规模的岐山臊子面店，小型的岐山臊子面店更是遍布陕西各地城乡。

岐山是西周王朝发祥之地，相传当时周文王姬昌很得百姓拥戴，每逢佳节朝拜他的人很多，文王总要以美味食品款待。有一年，百姓们送来一头肥猪，文王决定与众百姓分而食之。于是庖人想出办法，把猪肉切成很薄很小的片，煸制而熟，叫臊子，配以多种调辅料制成美味的臊子汤，碗中盛少量面条，浇入臊子汤，每人一碗。后这种臊子汤的制法和吃法逐渐传入民间，此即岐山臊子面。

岐山臊子面与一般面条不同，手工擀面，薄如蝉翼，细如丝线，滚水下面莲花般转，捞到碗里一窝丝，浇上臊子汤，只吃面条而不喝汤。而且汤要宽、面要少，并突出酸辣味，才能体现此面的特色。

"嫂子面"与"臊子面"

相传岐山一农户家的媳妇，贤惠能干，精于烹调，擀面光滑细薄，调料多样，汤汁浓香，醇美可口，年幼的小叔子极喜食用。后来小叔子当了地方官员，有年过年邀请同僚到家里做客，饱餐其嫂子做的面条后，大家异口同声夸赞鲜美无比，从此，"嫂子面"便出了名。天长日久，"嫂子面"传为"臊子面"。

岐山臊子面的制作

制臊子

将带皮硬肋生猪肉切成约0.33厘米厚、2厘米见方的片。炒锅内添入菜油，用旺火烧至七成热，投入肉片，煸炒至七成熟时，依次加入酱油、五香粉、姜末、精盐、红醋、细辣椒面。每加一种调料，搅动一次，使之入味。加放完毕，煨约10分钟，即成臊子。

制底菜、漂菜

将豆腐切成约1厘米见方的丁，水发黄花菜切成约0.6厘米长的段，水发木耳撕小。锅内加入菜油，油热，下入豆腐、黄花、木耳，煸炒一下，作为底菜。鸡蛋打入碗中，搅散，摊烙成鸡蛋薄饼，切成约1厘米见方的菱形块。韭菜、蒜苗、大葱均切成约0.6厘米长的段，作为漂菜。

"和气面"与"臊子面"

岐山臊子面又叫"和气面"，这和它独特的吃法有关。人们吃完自己碗里的面以后，要把剩下的酸汤再倒回锅里，也就是说大家的汤要"混为一锅"，再用来调下一碗面。这真是"你中有我，我中有你，不分彼此"，所以叫做"和气面"，团结和气的意思。

和面、擀面

用开水化开碱面，兑入温水。将上白面粉摊放案上，先倒入碱水，将面粉揉搓成面絮，再徐徐加入碱水，调成面团，盖上湿布，回饧半小时。然后经多次反复盘揉，最后揉成长方形的块，擀成约0.16厘米厚的薄片，切成约0.3厘米宽的细条。

制酸汤

锅内加入清水，用旺火烧开，放入精盐、红醋、味精。汤开后，加入辣椒油，即成酸汤。汤始终要保持小滚。

煮面、调面

锅内加水，用旺火烧开，下入面条，两滚后，点入凉水少许，将面捞入冷水盆中划散。吃时用笊篱捞出面在锅中焯热，盛入碗中，先放上底菜，再放肉臊子，浇上酸汤，调入辣椒油，最后放上漂菜即成。

名店搜索

永明岐山面

高新店地址：友谊西路128号

长乐路店地址：长乐西路262号

台湾师范大学教授赵宁博士在其所著《赵宁留美记》一书中赞扬岐山臊子面"精美无比"，并奉劝"读者诸君"，"没有尝过的，赶紧拜访陕西乡党，讨来吃吃"，说"天下美味，不过如此"。

翡翠面

翡翠面以颜色碧绿似翡翠而得名，亦称菠菜凉面、菠菜面。其碧绿青翠，滑爽利口，筋柔味美，清香宜人，弥补了单吃面食蔬菜缺乏的不足，所以深受城乡百姓的喜爱。

制作翡翠面时，要先将菠菜洗净，入开水锅中焯后与面粉和成面团，擀成薄片，切成或宽或窄的长形面条。葱花用菜油炒成油葱花。面条下入锅内，煮熟后，入凉开水盆里晾凉后，捞入碗中，调入油葱花、精盐、香醋、蒜泥，搅匀即可食用。

典故传说

据说翡翠面系由唐代宫廷食品“槐叶冷淘”演变而来。槐叶冷淘是用槐叶与面粉和面制成面条，做熟后放入水中或冰窖冷藏，需要时取出食用。据《唐六典》载：“太官令夏供槐叶冷淘”，“凡朝会燕飨，九品以上并供其膳食”。杜甫曾写诗赞道：“青青高槐叶，采掇付中厨。……碧鲜俱照筋，香饭兼苞芦。经齿冷于雪，劝人投此珠。……万里露寒殿，开冰清玉壶。君王纳凉晚，此味亦时须。”

随着时间的推移，宫廷食品逐渐传入市肆民间，将用槐叶与面粉合制改为用菠菜与面粉合制，改“槐叶冷淘”为翡翠面，成为城乡人民的盛夏消暑美味。

摆汤面

西安户县民谚有云："秦镇的皮子、摆汤面，辣子疙瘩就大蒜。"摆汤面以摆涮一筷头吃一口，边摆涮边吃而得名。自20世纪初，户县当地逢年过节、迎亲嫁娶、祝寿贺喜，即有以食用摆汤面招待亲朋好友的食俗。之后，摆汤面登上了大雅之堂，传播到西安及关中各地。

制作摆汤面，需选用精白面粉，用适量精盐与碱水和面，先揉成硬面，再擀薄切细，讲究"面薄如铜钱，宽窄似韭叶"。

做摆汤面的关键，是要烹制好臊子汤，素有"摆汤面香一锅汤"的说法。做臊子汤时，先取新鲜带皮猪肉切成丁，锅内添入菜油，烧热，投入肉丁、姜末、五香粉煸炒。待肉丁开始变色时加酱油。用小火煨至七八成熟时，再加入精盐、细辣椒面，翻搅使之入味后，烹少许陈醋，再炖熟，即为肉臊子。取适量肉臊子，兑入鸡汤，再加入豆腐丁、水发黄花、水发木耳，烧沸，调入芝麻油、味精，即成臊子汤。

与一般的面条不同，摆汤面的吃法大有讲究，也很别致。面条煮熟，捞入温开水面盆中，食客挑一筷头面条，放在自己的臊子汤碗里，摆涮一筷头，吸食一口，再从面盆中挑面条放入碗中，如此往复。

浆水面

浆水面是陕西传统风味小吃，其清淡味醇，爽滑利口，酸香醒神，余味悠长，为夏令消暑佳品。

民间食俗，吃浆水面一般是中午饭；来了客人，也用浆水面招待。关中、陕南百姓喜欢吃浆水面，尤其是盛夏，几乎家家制浆水、吃浆水面。

典故传说

相传楚汉相争时，在汉中的幺二拐有一家姓赵的夫妻开设了一个小面馆。一天，忽闻岳母病重，小两口急着去探望，丈夫把刚洗好的白菜丢在缸内，妻子不留心把锅里的热面汤也倒了进去，便关门急急匆匆上路了。几天之后，小两口归来，刚开店门，就见一老人一中年人两位客人走进店堂，急着要吃面条。因未来得及做臊子，店主便向客人解释只能凑合做顿白菜面条。店主去缸中取白菜，却发现白菜泡在一股带酸味的汤水里，青中带黄，酸里透香，于是灵机一动，把面条煮好，浇上酸白菜汤，淋上红油辣子。两客人一尝，又酸又辣又香，好吃极了。吃毕，老者应店主要求为这面取名"浆水面"。原来那位中年人是汉王刘邦，老者是汉丞相萧何。至今汉中市幺二拐的浆水面仍然很有名气，长年顾客盈门。

对浆水面的由来，还有一种说法。传说有个丢三落四的懒媳妇，一天婆婆让她用开水烫芹菜，她把芹菜顺手丢进热面汤盆里，捂上锅盖，随后就忘了这桩事。第三天，家里来了客人吃饭，当面条煮熟从锅里捞出来要浇汤了，懒媳妇才想起汤盆中还有菜，一急就把烫芹菜的面汤浇在面条上，端给客人。客人一吃，大为惊喜："这是啥汤？咋这么凉爽清香？"懒媳妇嘴里支吾："脏……水……""浆水？"客人听走了音，"浆水面"的名字也就传开了。

浆水面的制作

制浆水引子

锅内添入清水，置旺火上，一手持面杖，一手撒入面粉，边撒边搅，搅匀烧开。把醋曲和洗净的芹菜放入瓷缸里，将烧开的面汤浇入缸内，放在阳光下晒四五天(气温在30℃以上的天气)，使其发酵(为避免蒸汽水流入，缸不用盖，缸口上可蒙上纱布，防止灰尘)。见汤呈乳白色，味已发酵时，即成浆水引子。

制浆水

将浆水引子倒入大瓷缸中，每隔一天倒入面汤和洗净的芹菜，反复6次，然后再发酵2天，即成浆水。浆水酸而不烈，气味芬芳。

煮面、浇汤

把浆水舀入一瓷盆中，放入鲜花椒叶三四枝。将面粉和好擀成或压制成细面条。锅中加水，用旺火烧开，下入面条。煮熟后面条捞入碗中，浇上浆水，加入适量精盐，淋上花椒油、辣椒油即可食用。如吃热浆水，可用锅将浆水烧热后浇在面上。

浆水菜

浆水

浆水

除了芹菜，其他新鲜蔬菜，比如苦苣、苜蓿、荠荠菜等，也可用来发酵酿成浆水。关中乡下制浆水更为简单，一般是泡半生不熟的萝卜缨子及白菜在瓮，将玉米糁子稀饭的清汤倒几勺进去，六七天即成。

在炎热的暑夏，喝上一碗浆水，会使人感到格外清凉爽快。高血压患者经常吃些芹菜浆水，能起到降低和稳定血压的作用。浆水对肠胃和泌尿系统的某些病症也有一定疗效。有些地方用浆水配合药物医治烧伤，也可大大减轻患者疼痛，取得显著疗效。

乾州酸汤挂面

“乾州三大宝，挂面锅盔豆腐脑。”乾州酸汤挂面，又名浇汤挂面，是一种细若发丝、洁白光韧，并且耐存、耐煮的手工面食。食用时因地域的不同而突出或“油汪、汤煎、面稀”或“酸、辣、汪”的特色。总的来讲，乾州酸汤挂面的特点是柔韧适口，鲜、汪、煎、酸兼备，加之鲜菜、蛋花相映，汤清溢香，诱人食欲，助人消化。

典故传说

相传当年修建乾陵时，军卒和百姓不分酷暑严寒日夜苦干，家人为使亲人能吃上面条，便把擀好切细的面条搭在竹竿上晒干捆把，连同调好的酸汤送到工地，让亲人在劳动之余，下锅煮熟，入酸汤食之。这种吃法既能充饥又能解渴，被誉为上等慰劳饭食。后来有人将晒面条改进为手工挂面，在酸汤中加入“漂稍”(鸡蛋薄饼、嫩韭菜、香菜、白菜心等切碎即成)，就成了如今在民间及宴会上广为流传的酸汤挂面。

乾州酸汤挂面的制作

先将挂面在锅中煮熟，用笊篱捞出后放入凉开水中冰过，再用筷子捞成小撮，在竹筛上滤净水浇酸汤食用。调制酸汤十分讲究，开水中兑上陈醋，加入骨头汤或肉汤，再添上五香调料煎熬，汤沸后放入香油、大油，佐以切成碎片的鸡蛋饼、葱花、韭菜、白菜心、香菜等漂菜，将挂面挑入碗里，浇汤即可享用。

名店搜索

乾州食府

朱雀店地址：西安市朱雀路北段1号

高新店地址：西安市科技路甲字26号

荞剁面

"荞剁面，一条线，又细又长拉不断。下到锅里莲花转，捞到碗里赛牡丹。"荞剁面是陕北最常见的一种面食，其味道纯正，酸辣可口，筋韧耐嚼，富有浓郁的地方特色。荞剁面虽源于陕北，但在今天西安的街头，也是随处可见的美味。

荞剁面的制作

将荞麦面粉（或荞麦糁子）加水（冬天温水，夏天凉水）与少许精盐和成面团，反复揉搓，用擀杖擀成约0.66厘米厚的薄饼，稍晾一会儿，再用专用剁刀（月牙形弧刀，长约尺许，两端有柄，双手操作）剁成韭叶宽的长条，边剁边落在滚沸的煮锅里，煮熟用漏勺捞入碗内。

选取新鲜的绵羯羊后腿肉，切成肉丁。炒锅置旺火上，添入清油，投入羊肉丁爆炒后，加入精盐、花椒、香醋、姜末、辣椒、水发木耳与适量清水烹制。肉滚烂时起锅，放葱花和香菜末，浇入荞剁面碗内即成。

典故传说

陕北定边民间常以荞剁面的制作测试新媳妇的烹调手艺，当地流传着"媳妇强不强，先看荞面剁得长不长；媳妇利不利，先看荞面剁得细不细"的说法。一般婚后第三天，婆家要举行"试刀面"的仪式，由新娘亲自操持制作荞剁面，一为酬谢众亲友，二为显示新娘的烹调技艺。面条剁得细长，味美可口，就会获得亲友们的赞赏，被称为"巧媳妇"，反之，新媳妇就会被人瞧不起。

荞面碗坨

荞面碗坨是诸多荞面制品中的一种，也是一道富有地方特色的传统风味食品，流行在陕北一带，如今在西安街头的陕北风味餐馆里，也都能品尝到筋韧香醇的荞面碗坨。

据传很早以前，有个拉骆驼的蒙古商人，在草原上遭到土匪洗劫，他逃脱后跑了三天三夜，病倒在榆林河畔，被一对穷苦的农家老夫妇搭救。老两口把家中仅有的玉米面熬成糊糊给商人吃，使他很快恢复了健康。后来，商人为了感谢老人，从家乡驮来一袋荞麦，并教给老人种植、加工、食用的方法。老夫妻俩把自己种植收获加工的荞麦粉，用凉水和成稀浆糊放在大碗里，蒸熟晾凉后取出，用筷子捣碎，加入调味作料，请来众乡亲品尝。因是在碗里蒸熟成坨，被一老者提议取名“碗坨”。后又经过改进，老汉临街摆摊售卖，把“碗坨”用小刀削成面鱼儿，码在碗里，调上调料，颇受食客欢迎，并迅速传播到陕北各地。

荞面碗坨的制作

制作荞面碗坨，在用料上，有用荞麦糁子的，有用荞麦面的。如用荞麦糁子，将糁子放入盆内，加火，炒10分钟，倒在案上用擀杖擀茸，再入盆加水，用拳头捣成糊状，用细罗过滤，面糊稀稠以能挂在勺子上为宜，倒入碗内蒸熟，出笼晾凉即成。如用荞麦面，是将面粉用温水和成面团，放入盆内，然后用手蘸水反复揉搓，揉匀后再蘸水揉搓，如此揉搓蘸水，蘸水揉匀，直到拽起能吊成线时，舀入碗中，上笼蒸熟，取出后在凉水中冰凉，再切成薄片。吃时调入用清油炒过的葱花及芝麻油、精盐、酱油、香醋、大蒜汁、芥茉、油泼辣子，筋韧滑爽，葱香、蒜香、油香、辣香融为一体，诱人食欲，回味悠长。

名店搜索

金土地杂粮食府　地址：西安市南稍门

大烩菜

大烩菜，是把各种菜烩在一起，可以吃炒菜，也可吃汤菜。其主角为肉、粉条、豆腐、白菜、土豆。肉以小炒肉为佳，也有用红烧肉、丸子的。过去冬春之际，陕北、关中难见鲜菜，百姓菜碗中就以白菜、土豆为主，烩菜即是百姓为解决冬春吃菜难而制作的一种菜品“大锅饭”，且荤素皆备，营养丰富。

荞面饸饹

饸饹古称“河漏”，是一种压制而成的细长的圆条形面食，按其制作的原料，可分为麦面饸饹、玉米面饸饹、荞面饸饹等。在西安，最有特色的是荞面饸饹。“荞面饸饹黑是黑，筋韧爽口能待客”，这是陕西关中一带对荞麦饸饹这种传统风味小吃的赞语。

荞面饸饹从颜色上有黑红、黄白之分，黑红的为未去壳的荞麦粉制作，去了壳的荞麦粉，颜色要黄白一些。但不论黑红、黄白，均冬可热吃，夏可凉食，荤素皆宜，风味独特，因而颇受食客青睐。

荞面饸饹的制作

和面

先将荞麦面倒入瓷盆内，徐徐洒入清水，搓成面絮，揉成硬面，稍饧后，再洒入清水将面调软、揉光。

压制

压制时，将面团揪成块，揉成圆柱状，塞入饸饹床子的圆孔内，开动机器（手工操作时用力下压压杆），饸饹即从细孔中漏出。饸饹床了是安在锅上边的，水烧开后，边压、边煮、边捞。每次约煮500克，有“锅开压，锅开打”的说法。“打”就是将压出的长条打断收起，使饸饹不断连续落入锅中。荞面饸饹见锅开即熟，不可久煮，出锅后，先投入冷开水中过凉，再捞入筛子中沥干水分，置案板上拌入熟菜油，拌散即成。

调制

有凉吃、热吃两种调制方法。凉吃是用拌过油的饸饹，调入精盐、香醋、芥末、大蒜汁、芝麻酱和油泼辣子等调料后进食。在西安颇有名气的以苦荞为原料制作的蓝田饸饹即以黑红闪亮凉拌而食为主要特色。热吃时，可以加工成臊子饸饹，用没拌过油的凉饸饹，浇上事先制备好的素臊子或荤臊子以及骨头煎汤，再佐以胡椒粉、香菜、蒜苗等，味美无比。

教场门饸饹馆

西安有很多专门经营饸饹的餐馆，而以清真大寺西北角的教场门饸饹馆最负盛名。

教场门饸饹源于清末民初。最初，由渭南渭河北吕家村姓孟的一位老人在当地蔺家店开铺经营，很有名气。孟家的后人孟兆武，从十一二岁起就随父亲学习做饸饹的技艺，十七八岁就成了远近闻名的“把式”。1932年，年仅20岁的孟兆武来到西安开饸饹馆，先在南院门第一市场，店名为“渭北饸饹馆”，后来又搬到教场门，教场门饸饹因此而得名。

由于创立者孟兆武深谙荞麦面的质地，制作工艺独到，且选用陕西关中千阳、陇县一带所产的新鲜荞面，现磨现做，所以压出的饸饹筋细柔软，而且食后碗底不留一点断渣。

教场门饸饹美味无比，遐迩闻名，所以很多名人都和它结下了不解之缘。当年，国民党爱国将领杨虎城将军曾多次品尝过孟兆武师傅的饸饹。在西安居住和工作过的孙蔚如、方仲如、李启明等老前辈也经常光顾，还用这种荞面饸饹招待客人。

麻 食

麻食是西安地区百姓日常饮食品种，由于它常用烩的方法烹制，所以又叫烩麻食。其筋韧可口，热和美味，适宜春、秋、冬季食用。

西安地区的麻食，在做法上，有“勤麻食”“懒麻食”之分：勤麻食，即将切成小丁的面剂，逐个在案板上按成蚕蛹状；懒麻食，是将面团擀薄，先切成条，再切成小方片即可。在用料上，亦有荤素之别：荤吃者配料中可用肉类（猪、羊肉），辅以多种辅料；素吃者省去肉类，并用一般时鲜蔬菜作为辅料。

典故传说

麻食的渊源，可上溯至元代。元代饮膳太医忽思慧所著《饮膳正要》中载：“秃秃麻食，一作手撇面。以白面作之。羊肉炒后，用好肉汤下，炒葱，调和匀，下蒜酪菜末。”元代《居家必用事类全集》中说：“秃秃麻食，又名秃秃么思，如回族食品，用水和面，剂冷水浸，手搓成薄片，下锅煮熟，捞出过汁、煎炒、酸水，任意食之。”

“勤麻食”的普通荤吃法

制臊子

莲菜、萝卜洗净，连同猪肥瘦肉（肥瘦各半）均切成小丁，水发黄花菜切成节，蒜苗、韭菜洗净切成节，水发木耳大的撕小。炒锅内放入菜油，油热七八成时，加入肉丁，煸炒至九成熟后，倒入蒜苗节，稍加煸炒，取出备用。

制麻食

将面粉加水和成软硬适度的面团，经过揉搓、回饧，先揉成长条，再切成小面丁。将面丁用手逐个在案板上按成蚕蛹状面剂，即成麻食。

煮食

锅内添入清水，用旺火烧开，下入麻食，锅开后，用勺搅动；再开，下入肉丁、蒜苗、莲菜丁、萝卜丁、木耳、黄花，调入精盐、酱油，改用小火再煮几分钟，加入韭菜、味精，即可舀入碗内食用。

老鸹䭤

老鸹䭤，关中方言读作“lǎo wā sá”，亦有写作“老鸦脎”或“老鸦头”，意即老鸹，即乌鸦的头（脑袋），是以箸夹面糊（疙瘩）入滚水锅中，不分大小，可加菜蔬之一种饭食也。“老鸹䭤”是关中百姓的家常小吃。关中人喜面食，花样甚多，“老鸹䭤”是较特别的一种。这种面食的形状有些像乌鸦头，两端略尖，中间偏粗。汉中也有“老鸹䭤”一类的食品，不过叫做“鸡脑壳”。清代袁枚著《随园食单》有“面老鼠”一节，说是“以热水和面，俟鸡汁滚时，以箸夹入，不分大小，加活菜心，别有风味”，其实也指陕西人吃的“老鸹䭤”或者“鸡脑壳”。

制作老鸹𩝐时，先将面粉拌适量凉水，搅和成稠浆糊状，然后用筷子一个个拨入开水锅中，拨完，煮熟，加以各种菜蔬调料，即可食用。这种饮食也可以算作拨鱼家族的一员，因此也有人叫它拨鱼。虽说制作应当也可以适当掌握，使它大致上差不多，但老鸹𩝐的最大特点就是不规则，吃时仿佛一碗百鸦羹。如果拨制精美，再有各色时鲜菜蔬、鱼肉海味，便既饱口福，又饱眼福。

老鸹𩝐有多种吃法。可以做成羹；也可以拌了菜蔬调料，像北京人吃炸酱面般吃；还可以炒了吃，叫做炒老鸹𩝐，炒时按不同口味，拌以不同菜蔬和调味品。无论何种吃法，老鸹𩝐总是特别筋韧，有嚼头。

老鸹𩝐不难做，用料可简可繁，可高档可普通，所以关中城乡许多地方都喜欢吃，常吃。然而要做好，也不易。如果准备了高级精粉、上等海味（比如甲鱼），请有经验者精心制作成甲鱼老鸹𩝐等，用来款待宾朋，一定别开生面，给人留下美好而深刻的印象。

名店搜索

金帝酒楼（甲鱼老鸹𩝐）　地址：西安市纬二街

搅 团

苞谷面，打搅团，
一下吃了两老碗。
白米细面吃腻了，
换个花样真稀罕。
——关中民谣

搅团，因通过搅打使面粉成熟凝固为团而得名，又因其易消化、不耐饥，被人们戏称为“哄上坡”，是关中地区一种乡土气息浓郁的农家饭食，现在城镇中也多有售搅团的小吃摊点。

早先制作搅团的原料是荞麦面粉，因荞麦产量低，种植少，再加上改革开放前农村多食用玉米面，农妇们就在粗粮细做上动脑筋，用玉米面打搅团，以增加饭食花样，调剂口味。现在人们生活水平提高了，平常饭食以小麦面粉为主，于是就有了麦面搅团，也有给玉米面里掺入麦面制作搅团的。

俗话说：“搅团要好，搅上三百六十搅。”制作搅团的工艺虽不复杂，但却很难掌握。关键是要搅好，否则就会焦糊或有疙瘩。操作者站在一锅热气腾腾的滚水旁边，聚精会神，往锅里一点一点均匀地撒面粉，边撒边搅，不停地搅，要搅得十分匀称、光洁、细腻，直到搅成了稠糊状。搅时要始终顺一个方向搅，切不可来回搅，否则就会发澥。搅熟后，舀入盆里或大盘子里凝固成团即成。

搅团的吃法讲究别致。食者每人一碗调和汤，汤是用上好的香醋、酱油、芝麻油、葱花、蒜苗丝、香菜末、大蒜汁、油泼辣子、味精调制的，俗称“水水儿”，有滋有味，味道醇香。吃时可由食者用筷子将搅团一块一块地夹入汤中食用，或将搅团放入碗中，浇上调和汤吃，也可晾凉切成块烩汤吃。同时，还可以用带小孔的漏罗漏成小鱼状热吃或凉吃，也是别有风味。

随着吃杂粮食品成为饮食时尚，酸辣扑鼻、滑润绵软的搅团也登上了食府的宴席，且深受食客欢迎。

名店搜索

长安稼娃搅团

地址：西安市小寨西路69号

凉粉

凉粉，是西安人非常喜爱的一种饮食，在炎热的夏季，任什么山珍海味也激不起食欲的时候，凉调凉粉是最理想的吃食。而炒凉粉、卤汁凉粉因其特有的色、香、味，也能使人一饱口福。

西安的凉粉品种繁多，风味各异，有豌豆凉粉、绿豆凉粉、扁豆凉粉、洋芋凉粉、红薯凉粉等。各种凉粉的制法大同小异，即将粉面和成粉糊，待锅内水开沸，将粉糊徐徐倒入，用旺火烧开，改微火煮，并用锅铲在大锅中不断搅动，当用锅铲挑起一点熟浆，其粘稠度恰好在既能滴下又不易滴下之间，挂在锅铲上呈片状时，表示火候已到，应及时舀出，盛出置盆中，待凉透后，再翻倒在铺有干净湿布的案上即成。

凉调凉粉

先把凉粉按各人的口味或爱好切成或粗条或薄片或方丁，有的还用一种特制的“旋子”（一个薄铜片上斜打上许多小洞，犹如菜擦一样，但是呈扁圆带凹型，带把），把凉粉旋成面条状。把切好、旋好的凉粉，用浅碗盛起，依次调入酱油、香醋、熟油（植物油）、辣子、蒜泥，最后撒上椒盐面和味精，滴上少许芝麻油。这样凉调的凉粉，看起来红灿灿亮晶晶，诱人食欲，吃起来咸、酸、辣、香几味俱全。

炒凉粉

先把熟猪油放入炒锅，烧至五成热时加入适量红糖，再加入切成2厘米见方的凉粉块，用锅铲不断搅动，使之受热均匀后，改为小火煎炒，烹入葱花、食盐、椒盐面、辣椒油、味精，待凉粉热透后，再淋少许芝麻油，即成棕红油亮、绵润有筋、醇香适口的炒凉粉。

卤汁凉粉

将凉粉切片，在开水中略焯热，控干水分，浇上事先特制的卤汁，即成温润爽滑、醇香味美的卤汁凉粉。

浆水鱼鱼

浆水鱼鱼，是关中地区民间传统小吃，因其形状酷似蝌蚪，故名鱼鱼。鱼鱼放在浆水汤里，滑爽利口，清香味美。

制作浆水鱼鱼，先用凉水加白矾将豌豆粉搓成硬面团，后以凉水和成粉糊，使其有韧性。待锅内水开沸，将粉糊徐徐倒入，用木勺搅动，粉糊熟透，压（熄）火，以木勺着底再搅，锅离火，取漏勺（漏勺早先为葫芦瓢以火筷烙眼，后为用泥烧制的陶制品，现多为铝制品），盛之下漏凉水盆内即成。吃时用漏勺捞出盛入碗内，放酸菜，浇上熬制好的浆水汤即成。

煎饼

关中煎饼，是一款历史悠久的传统风味食品，其特点是松软滑爽，面菜合食，味道和谐，芳香宜人。

夏天，关中人最爱吃煎饼。夏日天长，农村午饭习惯吃面食，吃毕后“歇晌”，也就是城里人说的午休。等到下午五六点钟时再吃一顿饭，谓之“吃半后晌”，煎饼便是“吃半后晌”时的主食。而关中东府农村夏天待客，特别是丈母娘招待女婿和远方来的贵客，煎饼更是必不可少的食品。

典故传说

传说关中煎饼来源于女娲氏“补天穿”的故事。

女娲氏，乃中国传说中的人类始祖。开天辟地以后，她用黄土造了人，令人类繁衍生息，幸福度日。孰料有一年，共工和祝融打仗，共工氏败，怒触不周山，折断了天柱，西北的天空坍塌下来，天上露出了窟窿，地面破裂成深沟，山林中燃起了烈火，大地上洪水滔天，狼虫虎豹到处乱窜。女娲氏看到她的子孙们在江河湖海里受难，便拣选了很多五色石子放在神炉里，架起大火，把石子熔炼成液体，再把液体注到神锅里摊成薄饼，然后用薄饼填补好了天上的大窟窿，从此，春夏秋冬依次循环，老百姓们安居乐业。

后来，女娲氏用“石子液烙饼补天”的薄饼，逐渐演变成一种民间食品，叫作煎饼、烙煎饼、摊煎饼，有的地方叫“软胀胀”，还有的叫“趸子”。

每年农历正月二十三，是我国传统的天穿节，关中民间一些人家照例要烙个煎饼，用红绳系之，置于屋上。

关中农村传统的摊煎饼，讲究用麦秸火，而且最好是用当年的新麦秸。炭火太硬，容易烤糊烤焦，而且不易平均分配火力，麦秸火正好可以避免这些缺陷，属于微火，加之是就地取“柴”，用起来十分方便。

摊煎饼前先要和面糊。面糊选用上等白面，添入少许韭菜花、剁碎的鲜花椒叶、精盐面、调和面，用凉水和成不稀不稠的面糊，盛在一个大盆里待用。民间传统的摊煎饼，是在台阶下、墙角里选一三角地带，支起三块砖，架起直径33厘米左右的凸心鏊，用菜油擦抹，待鏊热油熟，舀一勺面糊倒入鏊子中央，然后用木制的半月形“[illegible]子”把面糊均匀地摊开摊匀拉平，再不断加火。火候要掌握好，小了烙不熟，大了会烧焦。待面糊经火烘烤凝固变成一张饼，色呈金黄时，用锅铲翻个过，再烙另一面，约摸三五分钟，一张软乎乎、薄溜溜、又筋又光、散发着香味的煎饼便摊成了，放在盘子里一张张沓起来，只待食用。

吃时，摊开煎饼，卷上炒鸡蛋、炒粉条或凉拌黄瓜丝、凉拌绿豆芽、青笋等卷起来，或者简单一些，蘸上油泼辣子蒜水，亦十分有味。还有的人干脆什么也不要，拿起便吃，倒也突出了煎饼的本来味道。

麦饭

麦饭是关中民间传统风味食品，以用小麦面粉与蔬菜（含野菜）、肉拌和蒸熟而得名。

制作麦饭，以小麦面粉为主料，配料比较广泛，如嫩苜蓿芽、茵陈、芹菜、莴笋叶、土豆（切条）、大肉（切成丝或片）、洋槐花（含苞最好）、榆钱、荠荠菜、荼苦（苦须菜）、菖蒲（筋筋杠）等。在制作时，将配料中的一种或两种切碎，用菜油、食盐、五香调料粉加以调和，再与小麦面粉搅拌在一起，上笼蒸熟即可，也可根据个人口味放入蒜泥、醋水、油泼辣子食用。

味道香美、诱人食欲、具有浓厚民间乡土气息的麦饭，如今不仅仅只是百姓家常饭食，它已在筵席中作为面点供应，且深受欢迎。

槐花麦饭

苜蓿麦饭

苜蓿麦饭

在关中农村，有春天吃苜蓿麦饭的习俗。相传苜蓿是西汉张骞出使西域时带回，先在京城长安（今西安市）一带种植。苜蓿本是喂牲畜的好饲料，初春季节初出地的苜蓿嫩芽有一种特殊的清香，即有农妇把苜蓿芽采摘回来，做成既美味又营养的苜蓿麦饭。

肉丸糊辣汤

肉丸糊辣汤是西安街头随处可见的早膳品种，其汤汁浓酽，味道鲜美，既营养丰富，又果腹耐饥，是很多西安人极其喜食的早点。

肉丸糊辣汤的制作

制丸子

将牛肉或羊肉洗净，控干水分，剁成肉茸，然后加入干淀粉、五香粉、精盐、清水，用力搅打均匀，捏成白果大小的丸子。

原料加工

腐竹用温水浸泡发软，切成约1.6厘米长的段。土豆洗净，切成约1.3厘米见方的滚刀块。蒜苔、豆角等洗干净，切成约1.6厘米长的段。

传说当年于谦任河南、山西巡抚时，驻守开封。一次，于谦出巡山西回开封途经郑州时，路途劳顿，公务繁忙，染上了伤风，一病就是几天，总不见好。吃了一家“胡记”酸辣汤，出了一身汗，竟然痊愈了。于谦在谢过胡掌柜的治病之恩后，建议酸辣汤以胡姓命名为“胡辣汤”。

清朝以后，郑州卖“胡辣汤”的日渐多起来。由于清朝是满人建立的，民间不敢多说“胡”字，又由于酸辣汤看上去呈糊状，“胡”“糊”同音，所以“胡辣汤”后来又改成了“糊辣汤”，并一直沿用至今。

制汤

锅中加水，用旺火烧开，将丸子逐个下入，待全部下完，锅开后约煮5分钟，捞出，放入盆中待用。原汤或牛羊骨头汤中下入土豆块、腐竹段，烧开，下精盐、酱油、五香粉，加入卤汤（煮腊牛羊肉的汤）。待土豆煮熟后，放进丸子、蒜苔、豆角等稍煮。将干淀粉加清水和成糊，调入锅中，搅动呈糊状时，倒入熟菜油、胡椒粉，搅匀即成。

等到熬好了，大锅连炉子摆在门口，师傅一手掌勺搅锅，一手叉腰叫卖起来。走上前去，要一碗糊辣汤，浇香油、油泼辣子，再拿一个饦饦馍，掰开了泡进汤里，然后趁热拨进嘴里。

吃糊辣汤讲究闻、看、品。闻牛肉汤的香味浓不浓，看其蔬菜的比例、汤的稀稠、辣子油红不红，品菜的软硬、丸子的弹性，还有吃完后嘴里的麻香味。如果汤汁浓酽，香辣适口，那就是地道的肉丸糊辣汤。

乾州豆腐脑

“要吃豆腐脑，唯有乾州好。”乾州豆腐脑以大豆为主料，它选料严格（逐粒挑选大豆），操作工艺细致，调料齐全，成品洁白鲜嫩，如乳似脂，筋韧爽滑，柔中有韧，韧中有柔，滋润可口，味道醇香，营养丰富。

典故传说

相传西汉时期，汉高祖刘邦的孙子淮南王刘安和他的那些能烹调百味、善制食品的门客，以大豆（陕西叫黄豆、白豆）为原料，“磨豆为乳脂，名曰豆腐”，旋即传入民间，而豆腐的姊妹品也随之出现，因其洁白如玉，柔软细嫩，犹如动物的脑髓，故名豆腐脑。

制豆腐脑

先将大豆磨成豆瓣，去皮，放入清水中泡约2至8小时(夏季2至3小时，冬季5至8小时)。待豆瓣发白时，捞出，倒入钢磨，随磨随加水，磨成细豆浆。用116厘米见方的过浆布，绑在木制的平十字过浆架上，吊在锅上。倒入豆浆，陆续注入少量的水，用手不断摇动，将豆浆滤入大锅内，用旺火烧开。在烧的过程中，用木勺把豆浆舀起，倒入，重复几次，装入桶内。将熟石膏用清水化开，放入瓦缸内，将桶内的豆浆趁热倒入，停约5分钟，即成豆腐脑。

制卤汁

把胡萝卜切成细丝，水发黄花切成约1.6厘米长的段，水发粉丝截成约3.3厘米长的段。锅内加入清水，用旺火烧开，倒入湿淀粉略加搅动，放入胡萝卜丝、水发黄花、水发粉丝，水开即成卤汁。大蒜捣碎成蒜泥。

调豆腐脑

春、夏、秋季的调法：将豆腐脑用特制的平勺舀入碗内，调入蒜汁、精盐、酱油、香醋、辣椒油，再淋入芝麻油即成。

冬季的调法：将豆腐脑用平勺舀入碗内，碗中间豆腐脑要像小馒头似的凸出，浇入卤汁三四调羹，卤从“馒头”上流向碗的四周，再放入精盐、酱油、香醋、辣椒油，淋上芝麻油少许即成。

凤翔豆花

豆花

豆花比豆腐脑稍硬一些，比水豆腐却嫩一些，居两者中间。筷子一触，形成花块，又不稀糊，浇汤淋油（辣子油），红油四溢，白里透红，红里露白，色彩艳丽，形如花卉，故名豆花。古人有“食不失豆”的保健古训。黄豆中含有人体必需的植物蛋白和多种矿物质。经常食用豆花，可增进身体健康。

“豆花、腊驴肉、泥彩塑”号称凤翔“三绝”。凤翔豆花历史悠久，其口味咸辣清香，爽滑利口，清热养胃，富有营养，是当地群众招待至亲厚友的美点。

豆花的制作

将黄豆洗净，用水泡四五个小时（冬季用温水泡，时间要长一些），带水磨成豆浆（豆子要磨细），然后用罗儿或吊包滤出豆浆。入锅煮开后，舀入缸中。将石膏用水调开（用豆浆化石膏也可），趁热徐徐倒入缸内，在加石膏的过程中，用长把木勺不时由缸底向上翻动，看起浆程度，待先起大花后起小白花时即停止搅动，加好缸盖，稍停20至30分钟，即凝结成稍硬块状豆花。这种方法叫“淀浆法”。

吃时将豆花用铜勺或铁勺舀在锅内烧热，舀入碗中，调入精盐和油泼辣子等，再舀些豆浆即成。愿意吃馍的，先将锅盔馍掰于碗内，豆花浇在上面，叫做豆花泡馍。

锅 贴

锅贴是一种半蒸半煎的小吃食品，其底面焦黄，馅心鲜嫩，两头开口油易灌入，进口香脆味美。西安同来吃饭馆从1945年开始经营此种食品，1989年，西安饭庄制作的大肉锅贴荣获商业部“金鼎奖”，且被中国烹饪协会认定为“中华名小吃”。

锅贴的制作

制馅

将猪肉、生姜末放入绞肉机内绞成肉泥，将八角、小茴香、花椒、桂皮加水熬成调料水，再给调料水中加入精盐、酱油、味精，掺进肉泥内，用木棍使劲搅拌，直到发粘为止，即为肉馅。将肉馅与其他辅料配合，即成不同的肉菜馅。

和面

面粉加水和成面絮，再搓揉成块，饧5分钟后即可使用。

包锅贴

将饧好的面取出一块搓成条，揪成面剂，将面剂擀成薄片，左手心托住面片，右手将馅子放入，并用拇指、中拇、食指从中捏住，两头开口成鸭嘴形即成。

煎锅贴

将平底煎锅抹上油，把锅贴并排放入锅内，摆好后洒上少许冷水，盖紧锅盖，用中火焖2分钟，上气后，再洒上冷水少许，待第二次上气后，顺着锅贴开口处淋上菜油，再煎2分钟即熟。

名店搜索

西安饭庄

地址：西安市东大街298号

五一饭店

地址：西安市东大街351号

荠菜春卷

色泽金黄、皮酥馅鲜的荠菜春卷是由唐代的“春盘”、宋代的“春饼”演变而来。制作时，先将面粉加入盐和水，拌成浆糊状，然后将平底锅置火上，倒入面浆，摊一个圆形薄饼，即制成春卷皮。炒锅内添油倒入鸡丝、荠菜，加盐、酱油、味精，炒熟出锅。把馅放在皮上包成条形，用蛋液粘合。锅内添油烧至七成热，下入春卷炸至皮脆色黄时，捞出即成。

荠菜春卷的皮一般用水和面，精致的还要加鸡蛋清。烙制成的春卷皮力求薄而匀。人们常常用“饼可映字”“薄如蝉翼”之说来形容春卷皮之薄，技艺高超的厨师，500克面粉竟可烙制成直径15厘米的圆饼60多张。

唐初，“立春日吃春饼生菜”，号“春盘”。每年立春这一天，人们将春饼蔬菜等装在盘中，成为“翠缕红丝，备极精巧”的春盘。古人赞美它“大若茶盘”“柔如春锦”“白若秋练”。当时人们相互赠送，取“迎新”之意。宋时，有了馅料中加入荠菜的“春饼”，“盘装荠菜迎春饼”即是佐证。

油酥饼

油酥饼，又名千层油酥饼，它以色泽金黄、层次鲜明、脆而不碎、油而不腻、香酥适口等特色，被誉为“西秦第一点”。

油酥饼的制作

制酥

在七成热的菜油锅内，陆续倒入面粉，油、面比例为1∶3，边倒边用擀面杖搅拌，面粉与油拌匀，即成油酥面。

和面

用温水化开碱面，盆内倒入上白面粉，注入碱水，先搓成面絮，揉成硬面块，再反复揉搓至面皮发光，用拳头蘸温水在面块上用力榨压，使水分全部渗入面内，经折叠、盘揉，用力由里向外、再由外向里反复揉搓约四五次，揪成约50克重的面剂，涂以清油，并逐个搓成10厘米左右的长条。

制饼坯

将以上长条在案上压扁，擀成鱼脊般的薄片，抹上油酥和椒盐，再一手扯面，一手卷面，并在面片上抹油，扯成约6.6厘米宽、396厘米长的薄片，边扯边卷，层叠不断，最后卷成螺旋状的饼坯。

典故传说

据传当年唐高宗李治在武则天的影响下，特别信奉佛教。当玄奘法师翻译佛经达千卷时，唐高宗曾命宫中厨人专门用清油做成“千层烙饼”赏赐给玄奘，以表彰玄奘百折不挠的毅力和一丝不苟的工作态度。玄奘去世后，长安方圆五百里赶来送葬的一百多万人，也大都带着寓意千卷佛经的各种食品来祭奠玄奘。京都长安的厨师们，怀着对玄奘法师的崇敬心情，对“千层烙饼”又作了精心改进，并取名“千层油酥饼”，投入饮食市场销售。由于油酥饼工艺精细，完全是用植物油制作，又含有纪念玄奘法师之意，因而在唐都长安曾风靡一时，千余年来，虽经战乱，历久不衰，一直流传至今。

煎烤

在三扇鏊底鏊内倒入菜油，用木炭火加热到七成热时，用手指将饼坯压成直径约6.6厘米的小圆饼，逐个面向下排放在底鏊内，底鏊火力要均匀，上鏊火力要集中，3分钟后，提开鏊锅上层，淋入菜油，按火色调换位置，翻后继续烘烤，约烤十二三分钟，直至火色均匀、两面焦黄即成。

油酥饼是正宗秦菜经营单位西安饭庄的传统美点。1989年，西安饭庄的千层油酥饼荣获商业部“金鼎奖”。1997年，油酥饼被中国烹饪协会认定为“中华名小吃”。

大肉饼

大肉饼，又叫肉酥饼、白肉酥饼，据说是在唐代“白肉胡饼”的基础上演变而来。其色泽金黄，外皮酥脆，层多馅香，味美可口。

大肉饼的制作

和面

将上白面粉放入盆内，倒入碱水和适量温水，搅成面絮，再加水和成软面团，揉搓均匀。

制酥

炒锅置旺火上，倒入菜油，烧至七成热。将炒锅离火，陆续倒入面粉。边倒边搅，至面粉与油调和均匀，制成酥面，倒入瓷盆中。

搓条

将面团搓成条，揪成重约80克的面剂，再搓成长约17厘米的条。全部搓完后，在上面淋一层油，叠放起来，使面回饧。

制馅

把肉绞碎后加入花椒粉、精盐，搅拌均匀，制成饼馅。另将花椒粉、精盐混合成椒盐面。

制饼坯

取面剂1个放于案板上，先用手指压平，再用小擀面杖擀成长约23厘米、宽约10厘米的片，然后取饼馅约30克放在皮面的一端摊平，再取葱花放在馅上，撒椒盐面少许，随即将馅包住。在皮面一端抹一层酥面。这时用右手拿起包馅的一端，趁着手劲边抻边卷（抻得越薄越好），卷好后用左手握住，用右手捏住下端，稍扭后向上一顶，放在案板上，用手压平（要求中间薄、四周厚，直径约10厘米左右），即成饼坯。

烙烤

在三扇鏊里放些菜油，烧热，放入肉饼坯。烙烤至上色发脆时，翻过再烙，待两面焦黄时即成。

胡麻饼

胡麻饼样学京都，
面脆油香新出炉。
寄与饥馋杨大使，
尝看得似辅兴无。
——白居易

胡麻饼是以面粉、植物油、芝麻等为主料制成的清素食品，其色泽金黄，质地酥松，外脆内软，层次分明，香醇可口。

制作胡麻饼，要先将少许精粉用油炒过，再掺入未炒精粉，加入酵面、食碱、食盐、植物油、调料、水和成面团，搓成条状，推成带形，撒上调料粉，从右卷起，收住两头，压成薄饼后粘一层芝麻，摁平，置于平底鏊上烙至八成熟后，再放入鏊下火槽内烘烤四五分钟，待色呈金黄时即成。

典故传说

据史料记载，早在汉魏时，胡饼即由西域传入内地。到了唐代，此饼更加令人喜食，"入炉熬者曰烧饼，入笼蒸者曰蒸饼，入汤煮者曰汤饼，入胡麻者曰胡饼"（见《事类统编》）。当时长安城里辅兴坊制作的胡麻饼（芝麻烧饼）闻名全国。

相传当年安禄山叛乱，进逼京都长安，唐玄宗、杨国忠带着杨贵妃和一批皇子皇孙，在将军陈玄礼和禁卫军护卫下，悄悄地打开宫门，仓皇逃出长安西行，路上饥肠辘辘时，亦曾以胡麻饼填肚。

黄桂柿子饼

黄桂柿子饼，又名水晶柿子饼，是以柿子和面粉为原料制成的风味点心，其外观两面金黄，饼心绵软爽适，饼皮焦脆可口，馅料色彩绚丽，桂花芳香扑鼻。

典故传说

相传当年农民起义军首领李自成在西安建立了大顺政权以后，要继续进军北京。当时关中粮食短缺，临潼百姓为慰劳义军，便用当地盛产的熟透了的火晶柿子拌上面粉，烙成饼子，聊充军粮。这种柿子饼香甜可口，抗饥耐饿，又有营养，起义军官兵食后精神抖擞，斗志昂扬，很快以破竹之势攻下了北京，推翻了明王朝。从此，每年秋季，临潼的百姓都要做这种柿子饼吃，用来纪念李自成农民起义军。

火晶柿子

制作黄桂柿子饼所用的火晶柿子，是西安临潼区的特产。

火晶柿子上有一层依稀可见的白霜，红皮上有光泽如同水晶，故名“火晶”。又以秋季成熟时，硕果挂满枝头，外皮火红如火焰在燃烧，又称作“火景”。

火晶柿子在汉代已开始栽培。它与一般柿子不同，色泽橙红，个小无核，形似乒乓球，肉质细密，多汁多粉，味道香甜，含糖量高，营养丰富，其皮极薄，果朱红，柿汁如蜜一样，晶莹欲滴，甘甜爽口而不腻，实乃柿子家族两百多个品种中的珍品。

临潼是全国火晶柿子的唯一产地，火晶柿子是大自然对临潼百姓的恩赐。

黄桂柿子饼的制作

制糖馅

先将猪板油撕去皮膜，切成约0.66厘米见方的丁，青红丝、核桃仁切碎，取适量面粉与黄桂酱、玫瑰酱搅拌均匀，再加入板油丁、白糖，用力搓揉均匀，即成糖馅。

制柿子面团

将面粉堆放在案板上，中间扒开，放入等量去蒂揭皮的火晶柿子，先用刀剁成糊，再将面粉与柿子搅和均匀，搓成软面团，然后陆续加入适量面粉，揉搓成较硬的面团。

制饼坯

取柿子面剂一块（约50克），拍平，托在左手掌上，包上糖馅（约15克），双手旋转封口，使之成圆球形，即成柿子饼坯。

烙烤

铁锅用木炭火烧热，在底中倒入菜油，将饼坯平放锅里，稍停，用锅铲翻转一面，轻轻压一下，盖上盖，烙烤五六分钟，待底面发黄时，移开盖，再翻转另一面，加菜油，烙5分钟，检查火色，调换位置后，约3分钟，待两面火色均匀即成。

黄桂柿子饼的吃法也很有讲究。要将滚烫的柿子饼盛入小盘中，先用筷子将饼的焦黄表皮揭起，用筷子取饼馅吃，然后再吃饼皮。晾凉变硬的柿子饼，需要在锅内加热后再吃。

需要特别说明的是，西安回民坊上现做现卖的柿子饼，馅中不用板油，烙制而成，销售广泛，大有取代汉民原作之势。

黄桂柿子饼原来只是秋冬季节柿子成熟时制作的风味佳品，如今随着冷藏设备的普及，一年四季都可以生产、供应。它不仅是西安本地人饮食、馈赠的佳品，外地来西安的旅游者，也都以争先品尝柿子饼为快，有的还带回去与亲友共享。

名店搜索

西安饭庄

地址：西安市东大街298号

五一饭店

地址：西安市东大街351号

金线油塔

金线油塔是一种深受人们喜爱的传统名贵小吃，因其外形如缕缕金丝盘绕，似层层塔楼相叠，“提起似金线，放下像松塔”，故得名“金线油塔”，以层多丝细、松软绵润、油而不腻、营养丰富久负盛名。

金线油塔的历史，可以追溯至一千多年前的唐代，当时它被称为“油塌”。

及至清代末叶，在西安附近文化经济比较发达的三原县，两家油饼铺“悦丰和”“永丰亭”的店东彭占魁和杨丁海师傅，在继承唐代“油塌”技艺的基础上，不断创新。他们严格选用白、细、绵、软的上等面粉和用粮食喂养的生猪板油，使油饼层次增多，并改饼状为塔状，改烙为蒸，名称也由“油塌”改为“金线油塔”，使之成为达官贵人、富商巨贾款待宾朋的佳点。

20世纪30年代，西安市南院门第一市场福记饭馆的马振贤师傅制作的“金线油塔”，供不应求，时有顾客事先来店“占号”预约。

1997年，西安饭庄的金线油塔被中国烹饪协会认定为“中华名小吃”。

金线油塔的制作

制油塔坯

先将上白面粉用温水搅拌成面絮，揉成硬面团，再蘸水调软，盖上湿布，饧5分钟。猪板油撕去皮膜，剁成油泥，与五香粉、精盐搅拌均匀。将面团擀成方形面片，涂上板油泥，抹平，然后将面片卷起，再擀成片，顺长切成细丝，用手拉长，在食指与中指上盘绕成圆塔形，即成油塔坯。

蒸油塔坯

将普通面粉和成面团，擀成面片两片，一片铺在笼屉上，将油塔坯整齐地摆放在上面，另一片盖在油塔坯上，旺火上笼，蒸约30分钟即熟。下笼后，取掉上面的面片，每两个油塔合在一起，用手略加拍打抖动，使其蓬松，放在盘里。

食用金线油塔时，要用筷子将其挑起，轻轻抖动。若佐以葱白、甜面酱，并与杏仁甜浆配合食用，更是别具风味。

典故传说

据《朝野佥载》说，武则天朝时有一位名叫张衡的官员，位至四品，且将升三品。一日张衡退朝归来，路过街市，忽闻香气扑鼻，下马一看，原来是刚出笼的热“油塌”。张衡垂涎欲滴，便悄悄地买了一个在马背上就食，结果因此被御史弹劾，丢了乌纱帽。“闻香下马丢官帽”，足见这种“油塌”之美味诱人。

另据《清异录》记载，唐穆宗时，宰相段文昌家里有一号称“膳祖”的老女仆擅长制作“油塌”，且技艺精湛。在40多年的时间里，她曾将此技艺传授给100多名女婢。据说，得其真传的只有9个女仆。西安民间传说，真正能够继承段丞相家老女仆制作“油塌”技艺的，只有一人，足见其制作技艺之不易掌握。

泡泡油糕

泡泡油糕，又叫泡油糕，是由民间进入宫廷后由宫廷回到民间的一款传统名点，以色泽乳白、玲珑剔透、蓬松香甜、入口即化而闻名。

1990年，西安饭庄的泡泡油糕被商业部授予优质产品“金鼎奖”。1997年，泡泡油糕被中国烹饪协会认定为“中华名小吃”。西安饭庄曾到新加坡举办美食节，为狮城的“春到河畔迎新年”活动助兴，带去的泡泡油糕亦颇受当地居民喜爱。

泡泡油糕的制作

制饼坯

在锅内注水，用旺火烧开后，加入熟猪油，迅速用勺子搅匀，倒入面粉，立即改用小火，用勺子将油、面搓拌均匀、烫熟后，从锅中取出，摊放在案板上，晾凉，再分次加入凉开水，用手反复揉搓成软面团，制成烫面。将白糖、黄桂酱、玫瑰酱、核桃仁（捣碎）、熟面粉掺在一起，制成黄桂白糖馅。将烫面揪成每个重约100克的面剂，用手拍成片，包入糖馅，收口捏严，用手按成扁圆形，成为饼坯。

油炸

平底锅内添入花生油，旺火烧至六成热，下入饼坯，用筷子轻轻拨动，待油糕坯上慢慢冒出气泡时，将油糕推至锅边，再浸炸三五分钟，轻轻捞出，装入盘中。

典故传说

泡泡油糕的历史，可上溯到一千多年前唐贞观年间的“王店集”油糕。据《三原食萃》记述，唐王朝建立以后，在三原北部塬区兴建起献陵、庄陵、端陵等帝王陵园，于是此地便成了唐王室出巡拜陵、开展狩猎的重要场所，从长安至陵区的路上行人长年络绎不绝。这条道路上有个村子，它南距长安八九十里，北距塬区二三十里，便成了皇帝往返休息的重要场所，人们称此村为“王店”。因为陵园的兴修，“王店”迅速地由一个人烟稀少的村庄，变成了达官显贵、商贾富户常来常往的地方，并随之兴起了物资交流、集市贸易，成了繁华热闹的“王店集”。“王店集”上有一个专门制作油糕的小店，它所制作的油糕，外皮起泡，酥松润脆，馅心甜软而香，偶有一日，被前往北塬狩猎的唐太宗品尝称赞，于是该店名声大振，其所经营的油糕也得到了广泛的流传。

唐中宗时，韦巨源官拜尚书令后，献予中宗皇帝的“烧尾宴”中，有一款点心叫“见风消（油浴饼）”，就是用面粉制作的一种饼，在油中“沐浴”（油浸或油炸）而成，其质地酥松润脆，外皮起泡，一遇见风就会消散粉碎，和唐太宗尝过的“王店集”的油糕极为相似。

随后，在三原县的宴席餐桌上，出现了一种名点叫“泡泡油糕”。其制法、外形和风味特点，与“王店集”油糕和“烧尾宴”中的“见风消（油浴饼）”一脉相承，只是在调辅料上有所调整，工艺上有所改进，质量上有所提高。因此可以说，“王店集”油糕是泡泡油糕的始祖，进入宫廷后被冠以“见风消（油浴饼）”的雅号，后流入市肆民间，因其外形起泡，遂被称为“泡泡油糕”，一直沿袭至今。

泡泡油糕为啥能起泡?

泡泡油糕之所以能起泡，主要是因为水中加油搅动后，原来的清水变成了“乳浊液”。

乳浊液是一种特殊的液体，它是形成泡儿的先决条件。油、水本是不相融的，因给乳浊液中加进了大量的乳化剂——面粉，这样，油、水就会均匀地分布在其中，且不能分离。此外，面粉中的淀粉在沸水中糊化后形成溶胶，也使整块面团呈现出胶体的性质。

面粉不但使乳浊液保持了稳定，而且还使面团之中形成了具有韧性的“膜”。这些无数的膜均匀地分布在面团里，使整块面团被无数看不见的层层网膜所包围，这样泡的构造就基本完备，只等气体把它支撑开来了。

日常生活中，人们常见到儿童玩吹肥皂泡，但肥皂泡形成后维持不久就会自行爆裂、消失，那是因为肥皂泡与油糕泡儿相比，没有较多的稳定剂，缺乏支撑膜的“骨架”。“骨架”是淀粉中能溶于热水呈分枝状的支链淀粉和面筋质所形成的网络，这些交错相连的网状物就成为膜的“骨架”，起到了支撑作用，从而使油糕泡儿能够维持很久。

当把包有馅的油糕坯投入热油中，糕坯表面首先凝固，这样糕坯内部所产生的水蒸气由于表层的凝固（起到了封闭作用）而不易放出，随着加热时间延长，内部水蒸气逐渐增多，胀力加大，这时层层的膜便会鼓起，在未凝固之前形成一层大而薄的半圆形泡儿。泡儿又经油炸凝固，于是泡泡油糕的泡儿便固定起来了。

乾州叉酥

乾州叉酥又称到口酥、大油糕，其色泽金黄，皮酥瓤酥，不咬不嚼，到口即酥，触口皆融，余香不绝。

乾州叉酥的制作

先用菜油和好面后，再加入鸡蛋清、苏打，饧6个小时，待油面融为一体时，包入白糖、核桃仁，入菜油锅浸炸至熟即成。

典故传说

据说当年武则天带领文武大臣到乾陵工地巡视，厨师们用马油和面、用马油炸制成一种食品，武则天食后非常满意，遂赐以“叉酥”的美名，列为宫廷食品。与此同时，其制作技艺也传入民间。

随着时间的推移，乾县每逢端阳节，不论穷富人家都要吃叉酥，称之为大油糕。因马油来之不易，即用菜油代替。

太后饼

太后饼为西安北边富平县传统风味食品，具有外皮焦黄酥脆、内质层次分明、柔软可口、油香不腻的特点。

太后饼的制作

制板油泥

板油除去皮膜，切丁，用刀背排砸成油泥。排砸时将调料水（用八角、花椒、桂皮熬制）及精盐分次加入。

和面制坯

将面粉和成面团，分成若干份，用手拍平，在案上甩扯成约0.6厘米厚的长形面片，在上面抹一层板油泥，然后搓成长约6厘米的条，用手压扁，回叠成三折，再搓压成6厘米长的条，揪成每个重约100克的面剂，再把每个剂子竖起在手中旋转，并用手拍成直径约6厘米的圆饼，即成饼坯。

烘烤

在饼坯上面抹上用水化开的蜂蜜，放入三扇鏊的底鏊（鏊要用菜油涂抹），烘烤至呈金黄色时即成。

相传当年汉文帝刘恒的外祖母灵文侯夫人，建园于当时的怀德县（今陕西省富平县华朱乡怀阳城）。文帝的母亲薄太后经常从长安来此省母，随行御厨将当时宫廷烤饼技艺传授给当地村民。从此，汉宫烤饼，落户民间，故取名“太后饼”。

水晶饼

水晶饼是一种酥皮点心，因其馅晶莹透亮犹如水晶而得名。它以“金面银帮，起皮飞酥，凉舌渗齿，清香爽口”著称，是秦式传统点心的代表，被誉为“秦点之首”。

据说水晶饼创制于北宋时期的下邽县（今陕西渭南下邽镇），在宋代，它曾与燕窝、银耳、金华火腿齐名。元代废下邽入渭南，城内永正商行继承了下邽的传统配方和制作工艺，所制水晶饼远销西安、北京、天津等地。

典故传说

相传北宋时期，有一年寇准从京都开封回到下邽县故乡探亲，适逢其五十大寿，亲朋们送来寿桃、面花、寿匾，表示祝贺。为了酬谢大家的情意，寇准特设宴款待。酒过三巡，下人捧进一个精致的桐木盒子，寇准打开一看，里面装着五十个晶莹透亮的点心，点心上有一张红纸，上面工整地写着一首诗：“公有水晶目，又有水晶心。能辨忠与奸，清白不染尘。”落款是“渭北老叟”。后来，寇准的家厨也仿照其样式做出了此种点心，寇准为其取名“水晶饼”。

到了清末，“同义栈”商号的张彩凤师傅在继承传统配方的基础上，探幽索隐，创新立意，使水晶饼的制作提高到新的水平。当时，水晶饼使用造型精美的桐木方盒和硬纸盒两种包装，古朴大方，携带方便。

约在19世纪后期，水晶饼的制作技艺传入古城西安，由位于西大街南广济街口的德懋恭食品店引进继承，制作技艺不断改进提高。

水晶饼采用上等精白面粉、上等冰糖及精板油为主要原料，配以动物油、玫瑰、橘饼、核桃仁、青红丝等10多种材料作辅料，经制皮、制酥、制馅、成型、烘烤等12道工序，用手工精心制作而成。其成品小巧别致，皮酥馅足，滋润适口，层次分明，营养丰富，油多不腻，入口渗甜，且以浓郁的玫瑰和橘饼的清香使人回味无穷。因其面色金黄、四周雪白，素有“金底银帮鼓鼓腔，红色印章盖中央”的赞誉。其包装考究，设计美观大方，具有鲜明的地方色彩。

名店搜索

德懋恭水晶饼

地址：西安市小白杨南路18号

德懋恭水晶饼

西安德懋恭水晶饼，早在清代就被慈禧太后定为“贡品”，享誉三秦，驰名西北，作为陕西的名特食品著称全国。近年，“德懋恭”研制生产出“加沙”“麻沙”“山楂”“玫瑰”四色水晶饼新产品，也备受欢迎，行销九州，名扬四海。

蓼花糖

三原蓼花糖，始产生于明代正德年间，至今已有五百年的历史。它与吉林福源馆蓼花糖、河南安阳蓼花糖齐名，为我国三大著名蓼花糖之一。

三原蓼花糖呈圆鼓槌状，个大体轻，金黄色的表皮上均匀地粘满一层白芝麻，咬开后，里面是雪白细腻的蜂窝状糖心。无论用来招待客人，还是馈赠亲友，三原蓼花糖都堪称上等佳品。清康熙进士温义在《纪念堂遗稿》中有诗赞曰："生性冰雪姿，胸怀若旷谷。色形似莲藕，风味告乃翁。"

典故传说

相传明朝时，每值腊月，南方一带的小贩，利用当地盛产的优质江米（即糯米）制成年糕，运到三原、泾阳一带去卖。临到年关，卖剩下的年糕不便带回，便寄存在亲友家里，挂在楼上让其阴干。次年来后，将其捣碎，和成条棒状，用油炸后再卖。这种隔年的陈年糕，经风露，又粉碎和成棒状，经油一炸，内部蓬发，体积膨大，吃起来酥脆香甜，别有一番风味，人们称其为"棉花糖"。后来随着时间的推移，人们逐步摸索，开始在米粉中加一定的黄豆浆，使其更加蓬松泡发，并在其表面粘上芝麻仁或白糖，食者交口称赞："嫽（关中方言，"好"的意思），嫽得太！"故又称为"嫽花糖"。

相传庚子之役，八国联军打进北京，慈禧太后携光绪皇帝逃到西安，地方官吏将“嫽花糖”作为地方名贵食品贡奉，慈禧太后食后大加赞赏，觉得其形酷似她在草原上见过的一种蓼花果实，遂取谐音，名之“蓼花糖”，并将其列为贡品。

1985年，全国人大常委会委员、末代皇帝溥仪的胞弟溥杰品尝了南茂牌蓼花糖后，挥毫题写了“宫廷食品蓼花糖”七个大字，此题字后来被印在包装纸上。

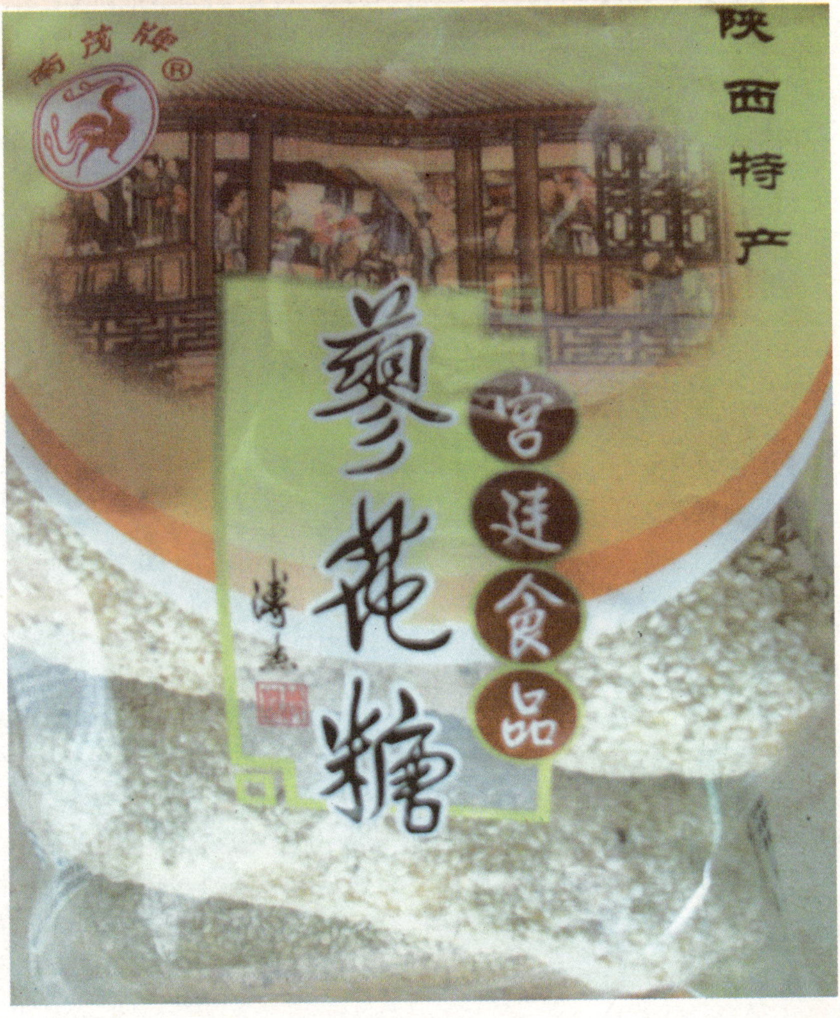

锅 盔

锅盔，以形似锅盖状如头盔而得名，一般用小麦面粉烙制而成，其外壳金黄硬脆，瓤子香甜柔软，是关中人吃了千年的美味干粮。

烙锅盔很“浪费”粮食，过去关中人只在干重活时才吃锅盔。在重农轻商的年代，锅盔还是出门人的救命粮。过去，关中人出门的时候，家里都提前烙锅盔给带上，十天半个月锅盔也搁不坏，饿了，掰块锅盔，干啃、水泡均可，吃了顶饱又耐饥。锅盔就是关中人吃了上千年的饼干，甚至是压缩饼干。

在远郊一些地方，锅盔不仅是干粮，还是口粮。农村一些孩子从考上初中开始，上学都是两个书包，小包装书本，大包背锅盔，上几年学就背几年馍。

如今，锅盔不仅仅是顶饥耐饱的干粮，辣子锅盔已是宴席上的一道美食。

辣椒酱

除了油泼辣子，关中人还喜欢用一种专门制作的辣椒酱，与蒸馍、烧饼和锅盔结合起来吃。这辣椒酱，跟市面上卖的各种辣椒酱都不一样，其选用上好辣椒，或青或红，切成碎末，伴以花生、黄豆、豆瓣酱、生姜末等，再加各种调料，炒后盛入盒罐，随时食用。这样的辣椒酱，入口香醇，后味深厚，无异味，不暴烈，吃了让人还想吃。

乾州锅盔

乾州锅盔作为锅盔的一种，它与别的锅盔大有不同，不仅携带方便又耐久贮，而且皮薄如纸，边薄心厚，表面鼓起，馍瓤干酥，色形美观，其馍上有一高一低的波浪，有着均匀的火色，层次分明，形状好似一朵大菊花。用手掰开，层层分明；用刀切开，状如板油。入口越嚼越香，食后耐人回味。真是看起来好看，吃起来酥脆，闻起来荃（关中方言读cuān）香。

相传当初乾陵修筑时，因工程浩大，动用了成千上万的民工。为了解决吃饭问题，民工们自己盘锅筑灶，没有锅的就用头盔烙制食物，这食物中就出现了用头盔烙制的酥香异常的“圆圈馍”。后来，“圆圈馍”成了人们争相仿制的食品。随着时间的推移，“圆圈馍”的制作技术也不断提高，如改手揉面团为用木杠排压面团，改用柴草在小铁锅里烙制为用木炭在鏊锅里上下烘烤，按不同季节掌握和面水温及使用酵面、碱面的比例，并定名为“乾州锅盔”，相沿至今，经久不衰。

乾州锅盔的制作

和面

将面粉、酵面及碱水放入盆内，加水和成面团(春、秋、冬季用温水，夏季用凉水)，放在案板上用木杠边压边折，并加入面粉，反复排压，直至面光、色润、酵面均匀时即止。

制坯

将面团分块并逐块用木杠转压，制成直径约26厘米、厚约2厘米的菊花形圆饼坯。

烘烤

把三扇鏊用木炭火烧热，置饼坯于上鏊。此时火候要小而稳，使面团进一步发酵和最后定型，更主要的是使饼坯的波浪花纹部分上色。然后进入中鏊(中鏊是一面火，火力较旺，鏊内放一个铁圈，把饼放在圈上)烘烤。五六分钟后，取出放在另一平鏊上，用小火烙烤。要勤看、勤翻、勤转，做到“三翻六转”。烙至火色均匀、皮面微鼓时即熟。

八宝肉辣子

八宝肉辣子，是关中地区传统菜肴，系将肥瘦肉丁与各种适宜菜蔬丁混合烧炒而成。它以肥瘦肉丁为主料，以莲菜丁、蒜苔丁、榨菜丁、红白萝卜丁等为配料。烹调时，先炒肉丁，加酱油，上色，投入姜末、葱花，再下豆瓣酱，翻炒后下其他各种辅料，断生，放辣椒面，量要大，最后加一些高汤，微火焖至入味，勾薄芡，淋红油，即可盛盘上桌。八宝肉辣子香辣可口，肉菜都有，菜蔬多样，又都切丁，有嚼头，后味浓厚，夹馍夹锅盔吃，味道相当不错。

大油旋

大油旋，是关中民间风味小吃，以饼坯上有螺旋纹而得名，其色泽黄亮，外皮酥脆，内瓤绵软。

大油旋的制作

和面

用温水将碱面化开。瓷盆内倒入面粉，先将酵面掰碎与面粉拌和，倒入碱水搓成面絮，再陆续加入温水揉成面团，反复揉搓至面已光润有韧性时，用湿布盖上，回饧。

制酥

取面粉，加菜油和成酥面。

制坯

将面团略加揉搓，擀成约50厘米长、26.4厘米宽的面片，抹上菜油，再抹上酥面，撒上精盐、五香粉。用手从右边将面片托起，两手托拢向左卷，边卷边向左拉扯，卷至面片的2/3处，右手扶托已卷好的部分，左手拉起所余的1/3，扯长约50厘米，卷起成塔形。然后倒过尖头向下，用两手掌向下压成直径约20厘米的圆形，再擀成直径约40厘米的圆饼，即成油旋坯。

烘烤

三扇鏊用木炭火烧热，将饼的正面向下放在鏊上，半分钟后旋转一下饼坯；2分钟后将油旋翻过，再烙烤2分钟，正面向下，移入底鏊，淋入菜油，2分钟后翻过，再烙3分钟即成。

石子馍

石子馍，又名石头馍、干馍，其营养丰富，味美可口，携带方便，经久耐贮。因为悠久的历史、原始的制作方法，石子馍被称作我国食品中的“化石”。

石子馍的历史，可远溯到石器时代，它采用的是先民由生食转入熟食后最原始的食品加工方法。

相传，“神农时，民方食谷，释米加烧石上而食之”。到了周代，更进一步能够“燔黍”，在供人食用的同时也祭祀鬼神。“燔黍，以黍米加于烧石之上，燔之使熟也。”石子馍的制作，即是由古代的“燔黍”演变而来。

唐代，同州（今陕西大荔县）把时称“石鏊饼”的石子馍，作为贡品贡奉唐王朝。到清代，随着秦人的宦游江南，石子馍也涉足金陵。清袁枚在其所著的《随园食单》里称石子馍为“天然饼”，并对其用料、制作进行了详细记载：“泾阳（今陕西泾阳县）张荷塘明府家制天然饼，用上白飞面加微糖及脂油（动物油）为酥，随意搦成饼样，如碗大，不拘方圆，厚二分许，用洁净小卵石衬而熯之，随其自为凹凸，色半黄便起，松美异常，或用盐亦可。”

嗲饼

《资暇录》里记载着“石鏊饼本曰嗲饼”之说。因为同州人好相嗲（yàn，粗鲁之意），每到口角相争、相持不下的时候，就要投状官府去打官司。双方都怕官司打输，坐牢挨饿，所以，“必怀此饼而去”，以备坐牢之粮。因此，石子馍又称“嗲饼”。

石子馍的制作

选用上白面粉，放入调料、油、盐（糖），制成面团；选用如鹅卵大小、光滑的青石子，用水洗净，晾干，再用菜油涂过。先将石子放入深平底锅内，中火烧至烫手，用手勺不断翻搅，使之受热均匀，然后将烧热的石子舀出一半，放一热鏊上保持温度，再将剩下的一半平铺锅内；揪约100克面剂块，擀成直径约10厘米、厚约0.66厘米的圆饼坯，放入锅内石子上，再将舀出的热石子盖在上面，将饼坯夹在中间，加盖，约5分钟后，将上面的石子刨去，这时饼面已呈现凹凸不平的窝窝形，翻过来再烙10分钟即成。

石子馍以往多是农家自做自食，亲友间互相馈赠，特别是常作为妇女产后食用的佳点。如今，这一奇特的古老传统食品已批量生产，作为商品投放市场，人类食品的“化石”在新时期焕发出了青春。

乒乓干馍

乒乓干馍是西安西边杨贵妃墓所在地兴平市的传统风味食品，因其干酥荃香，耐嚼味长，便于携带，原为出外远途旅行（赶考）者常带的干粮，故叫助考馍，又以其形状宛似乒乓球，小巧玲珑，逗人喜爱，故又被称为乒乓干馍。此馍色、香、味、形俱佳，乡土气息浓郁，千年盛名不衰，堪称小吃一绝。

乒乓干馍的制作

先取上白面粉用清水和成硬面团，再取面粉加入菜油、精盐、五香粉、碱面，搅拌均匀后，加入清水和成面块。然后将两块面混合在一起，放置案板上，用木杠反复叠压，直压至两种面块充分混匀表面光滑为止。用净湿布盖好，饧约10分钟。将面块揪成剂子，略加揉搓后，每个再分成小面剂，都按成扁圆形，成为干馍坯，整齐地放入烤盘内，入烘炉烘六七分钟后取出（温度要保持150℃至200℃），将馍翻转一次，再烤六七分钟至皮硬色黄即成。

月牙烧饼

月牙烧饼与其他烧饼不同，其状如月牙，色泽金黄，外皮焦脆，内瓤酥松，热吃凉吃均宜。可以单吃，也可夹肉吃，特别是吃水盆羊肉时，用此饼夹羊肉或泡入肉汤中吃，别有一番情趣。

月牙烧饼的制作

和面

面粉中加入酵面，将碱面用水化开倒入，先和成面絮再调软，揉成面团后，用净湿布盖住，饧一会儿。

制坯

将面团揪成面剂，略加揉搓，用小擀杖擀薄，抹上菜油和茴香盐（小茴香烤熟擀成面，与精盐混合在一起，即成茴香盐），卷起，压平，撒上芝麻，擀成椭圆形饼坯。

烙烤

将饼坯放入涂过油的铁鏊子上，待焦黄时取下，用刀一切为二成月亮半圆形，翻个过再放鏊子上烙烤，五成熟时，从鏊子上移入炉火旁烘烤至熟。

走南京，到北京，
同州府里好烧饼。
热吃脆，冷吃酥，
芝麻粒粒油层层。

——同州民谣

典故传说

相传在很早以前，同州城里有一个卖饼的小伙子名叫王维诚，他自幼丧母，跟上父亲卖烧饼，彼此相依为命。谁料不久父亲也去世了，从此，他一人卖饼，艰难度日。虽然维诚做饼十分用心，烤的火候到家，量也足够，可卖饼所得仍然是仅能维持生活，三十多岁了也娶不上媳妇。

天地有情。一天傍晚，月宫里的嫦娥变做一个面色枯黄的穷苦老太婆来到维诚炉前，贪馋的目光盯住炉子上的饼子。维诚发现老人可怜的样子，忙扶老人坐下，给老人烤了个软乎乎的热饼，又给老人买了碗面条。老人吃完，休息了一会儿，便一声不吭地走了。

如是数日，维诚天天敬奉着老人，但生意却日渐冷落，最后几乎无人问津。一天，老人开口说道："我年轻时曾卖过饼，比你做的好些，现在做点你试着卖卖，如何？"维诚不愿伤老人的心，便答应了。老人当真动手做起来，她揉好面团，切成小块，擀成薄薄的片儿，抹些油盐，又压成团儿擀成圆饼，放入炉中烤黄一面，取出，用刀一切成两块，好像两个月牙儿，又放入炉中烤熟。维诚尝了一口："啊！这么香的饼，这还愁卖吗？"他高兴极了。

谁知当他正想感谢老人时，却不见了老人，只见一位仙女正轻悠悠地向天上飘去，还向他招手致意，最后飘进了月宫。他才明白原来是嫦娥点化了他的手艺。

之后，维诚的生意十分红火，他也成了亲。为了纪念嫦娥，他把饼子叫做"月牙烧饼"，一直流传至今。

罐罐蒸馍

蒸馍

蒸馍，即馒头。馒头一词，始于三国时代。据《诚斋杂记》载："孔明征孟获。人曰：蛮地多邪，用人首祭神，则出兵利。孔明杂以羊豕之肉，以面包之，以像人头。此为馒头之始。"西安人把馒头叫蒸馍，也叫馍，或叫馍馍。这种蒸馍是无馅的（有馅的叫包子），与南方一些地方把有馅无馅的统称馒头是有区别的。西安民谚有云："白蒸馍夹辣子（油泼辣子），一口一个月牙子。"在西安，蒸馍也是筵席上的主食品种之一。

罐罐蒸馍，以形似瓦罐而得名，它不同于北方人常吃的一般蒸馍，具有面硬味长、皮薄层多、凉吃酥而不粘、后味香甜、耐久贮等特点。

制作罐罐蒸馍的关键是在和面时要掌握好水温，将面团揉搓好。首先，将干面粉倒在案板上，放入揪成小块的酵面。和面所用的水按季节调好水温，放入碱面搅匀后，倒入面内和面。把和好的面团分成几个大块，反复揉搓后堆起来，再分成若干小块，反复揉搓后仍堆放起来，回饧约5分钟。把面团切块后搓成长条，并揪成100克一个的馍剂，然后逐个反复揉成圆形（揉的次数越多越好），再搓高放倒，在一定时间内（春秋季4分钟，夏季3分钟，冬季5分钟），每个馍向前转倒三次，最后在每个馍的底部捏一圈薄沿，捏好沿便上笼搭在开水锅上，旺火蒸1个小时即成。

椽头蒸馍

椽头蒸馍，因成品上圆、周方、底部齐茬、形如切断的椽头而得名，其内酥外光，皮白色匀，干香耐贮，冷馍用手掰开是齐茬，不掉渣，见风不裂皮，便于长途携带，堪称面食中的奇葩、馒头的一绝。

椽头蒸馍虽是蒸馍家族中的一员，但与其他蒸馍不同，其他蒸馍都是论个卖，唯独椽头蒸馍因其干酥而用秤称。

源于蒲城的椽头蒸馍之所以能成为蒸馍中之佼佼者，久盛不衰，除制法独特外，与其制作所用的面粉和水有密切关系。蒲城小麦品质优良，蒲城的水质也较好。过去城里有座东岳庙，庙里有眼甜水井，用这井里的水和面做椽头蒸馍，特别好吃。近年来蒲城还发现了覆盖面很大的甘泉水。20世纪50年代，西安人民大厦欲引进椽头蒸馍用于招待外宾，曾从蒲城聘

唐王朝在蒲城葬有五个皇帝，其时春秋祭祀，都献蒸馍。相传唐代书法家李伯海曾为皇陵陪葬墓书写碑文，立于距离蒲城县城十几里的北刘村，历代官员名流多有专程前往欣赏临摹和拓取碑文，并品尝和带回椽头蒸馍的。

清代蒲城椽头蒸馍曾作为贡品奉献皇室。在秦腔《王鼎尸荐林则徐》中，有蒲城乡党给蒲城籍清末东阁大学士王鼎送椽头蒸馍的情节。

请名师来西安，怎奈做出的椽头蒸馍，香甜度总是赶不上蒲城当地做的好吃，反复查找原因，终于得知是由于水质的关系。之后，遇有接待任务，西安人民大厦都派人去蒲城购买椽头蒸馍再运回西安。

椽头蒸馍的制作

制作椽头蒸馍不用碱，发酵程度要求严格，面团要反复盘揉，讲究盘到揉到，柔软光润。

和面

将上好面粉放瓷盆内，加入酵母，与水和成面团，使其发酵(春秋季用30℃热水和面，发酵五六个小时；夏季用20℃热水和面，发酵四五个小时；冬季用50℃热水和面，发酵五六个小时)。另取面粉先和成面团，再压成面片，包入发好的面团。再取面粉放在面块上，用木杠反复排压(木杠一头插入墙洞，一头人压)，直至面块充分混合，成为硬面团。反复揉搓后，盖上湿布，饧约30分钟后，感觉微软时即成。

制馍坯

取出面块，放在青石墩上，用小压面杠反复折压，压至柔软光润，移案板上搓成条(要求不见缝隙)，切成馍剂。再把馍剂的刀口向下放案板上，用双手掬住，右手向前，左手向后，左手拇指压住馍顶，搓成下大上小的馍坯，状如椽头。将馍坯整齐地排放在案板上，盖上湿布，饧至馍坯微发虚即饧透。

笼蒸

将笼屉轻轻抹上一层菜油，摆上馍坯。铁锅置旺火上，水开后上笼，气足后，再蒸约40分钟即成。

趣闻趣事

祖籍蒲城的杨虎城将军主持陕政期间，在西安举行家宴时，常以椽头蒸馍款待客人。有朋自家乡来，也有带椽头蒸馍的。1932年秋，一个曾当过蒲城县警察局长的人求见，来人在谈话中极尽阿谀奉承之能事，临走时又拿出礼品，其中有四个椽头蒸馍，还一语双关地说："故乡特产您吃了一定满意！""这蒸馍为啥这样重？"来人走后，杨将军掰开蒸馍一看，里面竟有黄澄澄的金条，还有纸条写明："如能委任××县县长，还当重礼相谢。"杨将军不禁怒从心起，立即下令将此人禁闭。后来查知其当警察局长时，不仅贪赃枉法，且曾以"通共嫌疑"逼死人命，于是杨将军立令处以极刑。

贾三灌汤包子

包子的渊源可以上溯至唐代。唐开元年间，曾任三原县尉的陈藏器，在他编写的《本草拾遗》中写道：“麦末（面粉），味甘无毒……和醋蒸包。”这是我国关于包子的最早记载。经过千余年的实践、创新，包子的花色、品种、风味特色得到了空前的发展。

闻名遐迩的贾三灌汤包子，即是改革开放后西安新出现的清真名优小吃之一。它与西安老牌名特小吃牛羊肉泡馍一样，经济实惠，风味独特，深受百姓喜爱。

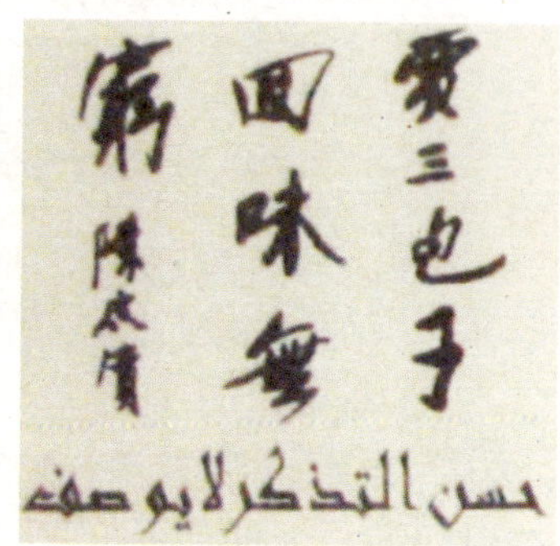

贾三灌汤包子，选用精白面粉做皮，秦川黄牛肉为馅，凤县大红袍花椒调味，配以纯牛骨髓原汤为汁，以小笼强火蒸出，用料精细，工艺考究，具有人称“三绝”的“皮薄如纸，馅嫩含汤，调料香浓”的特点。据营养专家分析，牛肉及牛骨髓汤含钙量极高，长期食用能壮骨强身，由此足见贾三灌汤包子的营养价值也是极高的。

贾三灌汤包子的制作

皮用烫面，1000克面粉仅烫70克水，随季节加减，要求皮薄面软，不厚不硬，包子才能晶莹透亮。

馅的主料为牛羊肉，先用骨头汤与调料汤打肉，直至肉汤一体，再加菜和馅。冬选大葱、白菜，夏用洋葱、菜花。还有一种三鲜馅，配以虾仁、香菇。

包包子时，每个包子至少捏10个以上的褶纹，现做现卖，每笼10个，不腻不腥，调料香浓，味道鲜美。

为了增味，供客人蘸的调料汁也是精心调制的。调制之前，将食醋和酱油分别用八角、花椒、草果、丁香等多味调料进行加工熬制。

吃时，用筷子将包子提起来，包子即呈鼓鼓的花篮形，而且不破皮，不流汁，皮包一团肉，不汪油，这样才算合格。若皮厚、硬，筷提必破；如包子内肉汤分离，汤含肉渣，也不合格。

为满足广大顾客的要求，贾三灌汤包子相继推出羊肉、牛肉、三鲜、海味、鸡味、什锦、清素、速冻等灌汤包子系列品种；还增设了承办包子宴席、快餐盒装包子、电话预定包座、提供新鲜生馅、登门制作灌汤包子等新的服务项目。

由于善于经营，重德轻利，服务热情，贾三灌汤包子赢得了社会各界的关注和好评。西安人常用贾三灌汤包子招待亲朋好友。各界知名人士、过往宾客也多慕名纷纷前来品尝，有的还题词作画，合影留念。

名店搜索

贾三灌汤包子

地址：西安市北院门111号

小六汤包

“中华名小吃”小六汤包的创始人“小六”，本名张安新，祖籍陕西，因在家排行老六，故称“小六”。“小六”在继承传统灌汤包子风味的基础上，结合现代人的饮食时尚，研制出皮薄、肉嫩、汤鲜、味美、营养丰富的汤包，被称为“小六汤包”。在创制过程中，为使汤包更适应现代人的口味，小六专程赴上海、南京、天津、广州、深圳等地考察各种风味小吃，经过多次调制、改进，形成了自己独特的配料标准。除猪肉、牛肉、羊肉馅料外，又推出鸡肉、鸭肉、鱼肉、三鲜、野菜等各色灌汤蒸包，从而成就了现在大家品尝到的口味咸淡适宜、口感鲜美、适应各方人士口味的快餐食品。

在1997年12月的首届中华名小吃认定活动中，经专家评审，小六汤包被认定为“中华名小吃”。

小六汤包，系经拌馅、和面、擀皮、包制、笼蒸等工序精制而成。它选用精肉和骨头汤，加入十几种调料拌馅，用上等精粉做皮面，包制时提褶不封口，形似灯笼，皮薄如蝉翼，透明可见馅心，可谓是夹起如灯笼，放下如菊花。

吃时，左手持勺，右手执筷，夹起一只，轻轻咬破（或用筷子戳破），一个包子可以倒出一勺汤。然后将包子蘸上用酱油、醋、油泼辣子精心调和成的调料汁，放入口中品尝。当包子吃完时，勺中的汤汁也不烫了，正好一饮而尽。其过程舒服优雅，饶有情趣。书画家吴三大带全家人来小六汤包店品尝后，对其美味大为称赞，即情挥毫留下李白的名句："但使主人能醉客，不知何处是他乡。"

小六汤包吃法口诀

轻轻夹，慢慢晃，
戳破窗，勺接汤。
先吃包，再喝汤，
既文雅，又排场。

名店搜索

小六汤包

纬二街店地址：西安市长安中路

明德门店地址：西安市朱雀大街南段

水煎包

水煎包是包子的一种，其制作细致，馅多料好，色泽浅黄油润，新鲜味美，香脆可口。

水煎包的制作

和面

分四季用水，春秋季节用温水，夏季用凉水，冬季用热水（约40℃）。把面粉倒入面盆，加水搓成面絮，再加水继续揉成面团，加酵面揉匀放到盆里，用净湿布盖严，等待面发时用。

制馅

先将肉切成块，放到绞肉机里绞碎，取出放入盆内，加酱油，搅打成糊状，然后把煮好的粉条（截短）加入搅匀，再将大葱、韭菜淘洗干净，切碎，与粉条、肉和在一起，加入精盐、调料面、芝麻油、味精，搅拌均匀即成馅子。

用碱与制包子

取发面一块，展平，加入少量的碱，再揉，一直揉到碱面均匀、面色发白为止。这时用手拍面，如果声音发“实”是碱重，声音发“虚”是碱轻，拍着声音“嘭、嘭”响的是碱用得正好。

将用好碱的发面搓成条，揪成约38克重的小剂，用手拍成边沿薄中间厚的片，把片放到左手促成栲栳形，右手持刮板拨装馅子，用手掬握收口，不带皱纹，打个颠倒收口往下，放到案板上。

煎包子

煎包子用平底锅，锅不宜太热，用中火烧。包子放好后，给锅里倒一小瓢水（水里和点面粉），将锅盖严，烧5分钟后，用锅铲翻过再盖严，等锅里水熬干时，再洒菜油，等锅底面糊烘得发黄色时，再用锅铲翻过来，烘烤5分钟，包子就熟了。

时辰包子

“面细皮白僧帽状，油渗包底呈金黄。香飘招徕行人步，油而不腻味道长。”这是人们对久负盛名的渭南时辰包子的赞美词。因为肥而不腻，香味悠长，吃一顿包子走十里路，还口齿留香，所以时辰包子又被叫做“十里香包子”。

渭南时辰包子用料讲究，工艺精细，操作严谨。其选用细磨精罗的上等白面粉制皮；以猪板油和华县特产赤水大葱，拌上菜油炒面，配以花椒、大茴、小茴、桂皮、丁香、荜拨、草果、砂仁、豆蔻制作的九味调料为馅。制作时严格遵守操作规程，一丝不苟。制成的时辰包子小巧玲珑，形若僧冠，雪白发亮，包底金黄，味道鲜美，四处溢香。

典故传说

据说光绪年间，渭南城内饮食行业中卖包子的为数不少，但唯有县城南村张坤卖的包子味道独特，每天的食客络绎不绝，竟然达到了排队发号的地步。而且由于其每日所做包子均为定数，约到上午十时便卖完了，时辰一过，便买不到了，于是人们称其为“时辰包子”。

到了20世纪30年代，有个叫王德本的人经营时辰包子，人称“包子王”。王师傅制作时辰包子的六条诀窍是“碱酵合适皮色正，板油切碎油不腻，葱去马耳味不苦，调料配足味浓香，馅不外露要包严，皮薄匀称外形美”。因为王师傅制作的包子在操作技艺和风味特色上，均超过前人张坤，所以人称他做的包子为“气死坤包子”。

甑糕

在西安，有一种古色古香的传统早餐食品，叫“甑糕”。它以红枣和糯米为原料，用“甑”蒸制而成。因为枣香扑鼻，绵软粘甜，营养丰富，甑糕被西安人视作久盛不衰的早点佳品。当年冯玉祥将军把西安的甑糕誉为“平民阶级的燕菜”。过去，农村人逢集赶会，都要吃一盘甑糕，返回时多用虎皮叶作包装带甑糕回家，再享口福。

典故传说

据《古史考》记载：“黄帝始作釜甑，火食之道始成。”可见，“甑”在原始社会后期已经产生。到了新石器时代，又有了“陶甑”，商周时代发展为“铜甑”。铁器产生后，“甑”又由青铜改变为铁制的。从此，“铁甑”就世代沿袭，流传至今。它形似圆筒，底部有许多透蒸汽的小孔，置大口锅上，可以蒸物。

甑糕，是由三千多年前西周时期王子专用的食品“糗饵粉餈”演变而来。“粉餈”是在糯米粉内加入豆沙馅（古时叫豆屑末）蒸成的糕饼，吃起来有豆香味。及至唐代，才发展为枣米合蒸。唐尚书令左仆射韦巨源宴请中宗皇帝的“烧尾宴”中的“水晶龙凤糕（枣米蒸破见花乃起）”和现在的甑糕一脉相承。

桶子锅

桶子锅，是用铁铸成的大锅。其直径约79厘米，深约66厘米，上下一样粗，形状如桶，用作煮肉、蒸甑糕、炖汤之用。

甑糕的制作

糯米加工

糯米用水浸泡三四小时，待米心泡松，捞出再用水淘洗两三次，放竹筛中，沥去水分。

红枣加工

把红枣淘洗干净，再用清水冲洗两次，将枣皮夹缝中的泥沙冲净，用清水泡1小时。

装料、蒸熟

在桶子锅内加半锅水，放地炉上。再将专用甑糕锅(或用铁板做的圆筒)置桶子锅上，锅中间放上铁箅，先将红枣平铺在铁箅上，将铁箅的空隙盖严，上面铺上糯米，米上再铺一层红枣，枣上再铺糯米。米上铺枣，枣上铺米，反复铺7层，计枣4层、米3层。这时将桶子锅与甑糕锅的连接处用布封严。再将干净湿布盖在枣上，然后加盖。用旺火烧开，上气后约35分钟，取下锅盖，揭去盖在上面的湿布，给蒸锅内浇洒清水，再将湿布盖上，加好锅盖，旺火蒸煮上气，30分钟后，仍用前法再浇清水。用此法共浇水3次后，改用小火蒸几分钟，将桶子锅与甑糕锅连接处的封口布揭开，向锅内注水后，仍将连接处用布封好，用小火将锅烧开，然后改用微火蒸6个小时即成。

这样制作出的甑糕，不仅层层软硬适度，而且色泽鲜润，枣香扑鼻，绵软粘甜，滋味特美。

红枣营养丰富，滋补强身，因而以之为原料的甑糕颇受好评。西安的甑糕以莲湖区内穆斯林制作经营的为最佳。经营甑糕，既要会蒸，还要会铲，用专用铲刀将甑糕铲得枣米交融，红白相映，装入碟中，诱人食欲。

镜糕

镜糕是西安清真传统风味小吃，因以糯米、红白糖及干果蒸制成形似圆镜的糕而得名，其绵软粘甜，补中益气。

“柳荫槐下清昼长，镜糕担子亦生香。童稚儿女共笑语，且牵阿母欲一尝。”在西安，经营镜糕者多系挑担街头叫卖，有其特制的担子，上置小炉、笼具。担柜内有抽屉数只，分别用以置放原辅料，如糯米、红白糖、青红丝、核桃仁、玫瑰等。卖糕者操作时，用小勺舀各种原辅料置于笼屉中，合笼置火上，顷刻气催糕熟，卖糕人掀笼倾出，扎以竹签授诸顾客。

蜂蜜凉粽子

蜂蜜凉粽子由唐时的粽子发展演变而来，是古城西安传统夏令风味食品，以凉甜芳香、沁人肺腑而遐迩闻名。

典故传说

在唐韦巨源宴请中宗皇帝的“烧尾宴”食单中，有一款佳点名叫“赐绯含香粽子”，注释是“蜜淋”，意思是给粽子淋上蜂蜜，含香宜人。唐段成式《酉阳杂俎》记述当时唐长安城里“庾家粽子，白莹如玉”。唐元稹诗云：“彩缕碧筠粽，香粳白玉团。”这些都充分说明，远在一千多年前的古长安，上自宫廷，下至市肆民间，以糯米加蜂蜜制成的粽子，已成为脍炙人口的风味佳点。随着时间的推移，它逐渐演变为今天的蜂蜜凉粽子。

蜂蜜凉粽子的制作

将糯米用水洗净，在水中泡约3小时。虎皮叶洗净，用温水泡软、整理好。用三四张叶子，中间窝成底尖上圆的锥形兜，装入糯米，再将叶尾折回包严，用麻绳扎牢。大锅内倒入清水，锅底放一个小铁箅，将粽子排放在上面，用木板压实、加盖，旺火烧开后煮1小时，改用小火焖煮约3小时（在煮的过程中，应根据锅内水的消耗情况，加水两三次）。煮熟后在锅内泡约6小时，捞出，晾凉。将蜂蜜与桂花酱调和均匀。粽子剥去皮，放在碟内，淋上蜂蜜、桂花酱，不仅营养丰富，且有食疗滋补作用。

蜂蜜

《神农本草经》即将蜂蜜列为上品，说它“安五脏诸不足，益气补中，止痛解毒，除百病，和百药”。明代李时珍在《本草纲目》中说：“蜂蜜生则性凉，故能清热；熟则性温，故能补中；甘而和平，故能解毒；柔而濡泽，故能润燥；缓可去急，故能止心腹肌肉疮疡之痛；和可致中，故能调和百药而与甘草同功。”

绿豆糕

绿豆糕质地滋润，外观整齐，清香绵甜，有清热解毒、利水消肿、清暑止渴等功效。端午节吃粽子、绿豆糕、插艾叶是中国民间习俗之一。过去在西安，德懋恭食品店生产的绿豆糕最为著名，近年畅销者还有西安饭庄等店所产。

枸杞炖银耳

枸杞炖银耳是西安的风味名羹，系由枸杞和银耳两味名贵中药炖制而成，其不但色泽美观，香甜可口，而且具有滋补健身的功效。

枸杞炖银耳以银耳、枸杞、冰糖、白糖、蛋清、莲子、红枣等为原料，其制作方法是：先将枸杞、莲子、红枣等用冷水淘洗干净，再将洗净的银耳泡入温水中30至60分钟，取出去杂质，泡入清水中。接着取砂锅洗净放旺火上，加清水烧开，投入蛋清、冰糖、白糖，用勺搅拌，烧滚后撇去浮沫，待汤汁清白时，将备好的银耳、枸杞等投入锅内，稍炖片刻即可。

辅佐刘邦兴汉灭楚的张良，运筹帷幄，屡建奇功，是西汉的开国元勋。汉政权建立后，眼看着刘邦、吕后对韩信等开国大臣不是谋杀，就是监禁，张良想起了“飞鸟尽，良弓藏；狡兔死，走狗烹；敌国破，谋臣死”的古训。为了免遭诛戮，他决心辞官归隐。虽然被封为留侯，但张良却从此不再参与朝政，后来竟跑到偏僻的留坝隐居学道去了。隐居期间，张良还常常以当地所产的银耳清炖为食，寓意“清白”。

及至唐初，协助唐太宗建功立业的名相房玄龄和杜如晦，认为大丈夫决不能唯图自己有个“清白”的名声，只要死得有价值，何妨抛头颅洒热血，于是，他们俩对传统的“清白玉羹”——清炖银耳，进行了具有象征意义的加工和改进，在清炖银耳的基础上，加入润肺补肾、生津益气、色红似血的宁夏枸杞和红枣、莲子等，形成了西安名贵之羹——“枸杞炖银耳”。

枣沫糊

枣沫糊，源于唐代同州（今陕西大荔），是以当地“三大宝”之一的“马牙枣”为主料，配以红豆制成，其色红味甜，滑润可口，营养滋补，老幼皆宜。

一千多年来，枣沫糊这一风味食品所以经久不衰，主要是因为红枣为温和滋补的“天然维生素丸”。

典故传说

相传，唐贞观年间，同州有一个财主王尚礼，雇了一个长工张诚，专门种植栽培枣树。财主是黑心肠，每天只供给张诚一块蒸饼。因总是吃不饱，张诚就偷偷地试着把落在树下的烂枣捡来煮成糊糊吃。谁知这样一来，他不仅从“饿罪”中解脱，而且体重增加，脸色红润，精神焕发，身体越来越好。这自然引起了财主的怀疑，但财主不知其中奥秘，以为张诚偷吃，便将其解雇。

张诚从食用枣肉糊糊的实践中，体会出枣肉滋补人体的好处。被解雇后，他为谋生，就在同州城里开了个小店，利用当地盛产的红枣为原料，专卖枣肉沫糊，并以自己的亲身经历，宣传枣肉沫糊是滋补强身的上好食品。天长日久，食者知味，果然顾客盈门，生意兴隆。从此同州枣肉沫糊的美名，也就不胫而走，并逐渐传到京都长安，成为人们喜食的美味。

长生粥

长生粥是一种仿唐粥品，源于唐韦巨源烧尾宴食单。长生粥取“长生”之名，寓意食粥可延年益寿。此粥以陕西洋县所产黑米为主料，配以多种辅料，用小火炖制而成，成品色黑乌亮，浓稠甜香，味美适口，营养丰富，具有滋阴、益肾、补胃、暖肝、明目、活血等医药功能。

制作长生粥时，先将黑米、红枣、葡萄干淘洗干净，连同桂圆肉、莲子（去皮）、青梅、果脯均切成丁。锅内添入清水，加入黑米，旺火烧开后，放入经过加工的各种辅料及白糖，改用小火煨炖至熟。在炖的过程中，要注意用勺搅动，防止焦锅。

黑米

相传黑米起源于西汉张骞（陕西城固人）通西域之前。有一天，张骞偶然在湑水河畔的草泽水稻中发现了一株香味浓郁的稻穗，剥开一看，米粒全是黑的，由此种植起来。从汉武帝起到清朝末年，历代封建帝王都把黑米列为贡品，特供皇室享用。

桂花醪糟

醪糟，又叫酒酿。醪糟内放入糖桂花，叫桂花醪糟，又叫黄桂醪糟，其味浓而醇厚，米浮而不沉，酸甜适度，营养丰富。没有饮酒习惯的人，饮用了浓汁桂花醪糟，会感到脸红耳热，有飘飘然欲醉欲仙之感。

桂花醪糟的制作，有严格的操作工艺。首先，精选上好糯米（发酵后容易漂浮），淘洗净，放入瓷盆，用清水泡4至5个小时，至可捏碎为度，沥干水分后入蒸笼，先用旺火蒸至气圆，再改用中火蒸25至30分钟（蒸透），然后将笼屉放木架上，用清水由上向下浇一遍，待水分沥干后在案板上洒一层温开水，倒上熟米，掀开晾凉，将小曲擀成细末撒入米内，搅拌均匀装入瓷缸里，压实拍平。将米缸放在30℃恒温的房子里，用净棉被盖在缸口上，发酵48小时，即成醪糟醅。醪糟醅是很干净的东西，容不得混进任何杂物，如果下手拌米，要蘸凉开水，切忌用生水。

饮用时，将锅置于旺火上，添入清水、糖精，舀入醪糟醅，用手勺搅匀，烧至将滚未滚呈“鱼眼水”状时（大滚米会下沉），加入黄桂酱，顿时，锅内漂满米粒，酒香、桂花芳香四溢，盛入碗内即成。也可按食者需要，将鸡蛋打入另一碗中，用筷子搅散，倒入醪糟内，烧沸，即成桂花鸡蛋醪糟。

黄桂稠酒

黄桂稠酒乃长安特有佳酿，系以糯米为原料，加入曲母，经蒸制、发酵、过滤而成，其色白如玉，清香绵甜，加热后，醇香四溢，风味独特。

黄桂稠酒的酒精含量仅为15%左右，看上去既像江浙一带人人喜爱的酒酿汁，亦像街头小吃浇蛋花的醪糟汤，不像一般酒那样清澈。称它为酒，只因喝在口中，不乏酒味而已。老弱妇幼和不善饮酒者，均可大碗来喝。饮时或温或凉，四季皆宜。由于内配有中药黄桂，使酒味有黄桂芳香，故曰"黄桂稠酒"。又传"贵妃醉酒"喝的就是此种稠酒，故亦称"贵妃稠酒"。

典故传说

稠酒，见诸史册，始于商周时期，至今已三千多年。我国最早的医学文献《内经》里，曾多次提到"醪醴"，这"醪醴"就是稠酒的前身。原汁不加浆者叫"撇醅"。盛唐时期，古长安长乐坊即出此美酒，而且酿造技艺有了进一步提高，朝野上下，莫不嗜饮。

清末民初，西安市制作稠酒的世家长乐坊老徐家的徐志忠（外号徐老三）自幼随其父徐仁福学习酿造技艺，他在其家传酿造技艺的基础上，对稠酒又作了改进，加进蜜糖相拌的黄桂酱，把酒质提到新的高度，使之成为黄桂稠酒。

稠酒系天然酿造而成，不含任何添加剂，其不但味美，而且含有人体必需的多种氨基酸，具有活血、健胃、止渴、润肺之功效，因而被人们誉为高级饮料、滋补保健佳品。

如今，黄桂稠酒已不仅是随意便酌的优良饮品，它甚至同“茅台”“西凤”等一样，成为西安当地筵席名饮，深受百姓的青睐。

酒斗

“李白斗酒诗百篇，长安市上酒家眠。天子呼来不上船，自称臣是酒中仙。”据说，当年李白饮用稠酒，是以斗（一种正方形木杯）作为酒具，其木质轻而有异香，木杯边烫有花纹及酒杯作坊名称。热酒注入杯中少顷，便带有木质香气，使酒味更佳。饮用时须双手端两角，另一尖角对嘴而饮。豪量者一口一斗，不在话下。这种酒斗在唐朝时期传入日本，现在日本的豪华宴会上，还常见这种古色古香的酒具。

逸闻趣事

1921年清明节，祖籍陕西三原县的国民党元老、著名书法大师于右任亲临长乐坊徐仁福开设的徐记稠酒店，醇香绵甜、风味独特的美酒使这位书法大师为之倾倒，即兴挥毫写下“徐记黄桂稠酒店”，徐家制成牌匾，高悬店门之上，在古城传为佳话。

1924年7月，鲁迅先生应邀来西安讲学时，对黄桂稠酒也产生了浓厚的兴趣，几次主动要求痛饮。

1936年，在震惊中外的“西安事变”期间，中共代表团负责人周恩来在西安饭庄用黄桂稠酒招待过当时的抗日将领和爱国民主人士。

1956年，郭沫若在西安品尝了黄桂稠酒后，也由衷地发出“不像酒，胜似酒”的感叹。

法国前总统密特朗品过黄桂稠酒后，也赞其度数低、好喝。

甘泉豆腐干

“神林琼浆美水泉，酿制珍品豆腐干。昔日王宫做肴馔，今朝民间共欢宴。”甘泉，顾名思义水甜；水好，必然土质优；土质优，产出的豆类品无疑属上乘。颇具地方特色的甘泉豆腐干，是豆腐家族中的珍品，其色泽墨绿如翡翠，筋韧耐嚼，醇香味美，为绿色营养保健佳品。

长期以来，甘泉豆腐干以其精良的品质和独特的风味闻名遐迩，凡过往甘泉的客人，必争购几串豆腐干，除自己一饱口福外，还要带回家中与家人共享或馈赠亲友。如今随着饮食文化的发展，在西安也很容易品尝到此佳品。

甘泉豆腐干的制作

将八角、小茴香、丁香、花椒等装入净纱布中扎成调料包，与生姜、食盐投入凉水锅，旺火煮半小时，再将豆腐切成约6.6厘米见方的小块，投入汤锅，改用微火慢煮约40分钟，待入味后，将豆腐干捞出，晾晒至六七成干，用细绳穿串挂晒，干后即成。

食用时，用水泡软，可切丝、条、片、块、丁。既可凉拌做凉菜，也可与肉类配伍爆炒或炖、烩等。

双青豆

制作甘泉豆腐干所用的是甘泉当地所产的双青豆，俗称绿滚豆。它是一种从包皮到豆粒本身都是绿色的大豆，十分名贵。大豆营养丰富是人们所熟知的，而双青豆的品质更为优良，这也是甘泉人制豆腐干得天独厚的优势。

据《甘泉县志》记述，当年隋炀帝有一日出外巡游，途经府村，发现一美女薄姬，炀帝十分喜爱，纳其为妃，并在此地修府建镇，派专人伺候薄姬。炀帝厚爱薄姬，时而前来游玩居住。一年盛夏，炀帝避暑来府村，和薄姬一起上山游玩。当游至神林山时，突然发现奇鸟一对，其胸颈白，脚尾红，羽冠似扇子，娇小美丽。薄姬见此鸟，非常喜爱，便让炀帝设法捉住。炀帝应诺，抽箭搭弓，欲射小鸟，但被薄姬挡住：“陛下，臣妾是要活鸟。”炀帝遂收弓箭，命随从抓活鸟。追赶了半个时辰，仍未捉住。小鸟飞下山沟，炀帝及随从紧追不舍。到山底下，不见了这对小鸟，眼前却出现一股泉水，泉水去地一丈，飞流激射，清澈透亮。泉旁长着一片榆树，枝叶茂密，树身长刺，十分奇特。泉旁山坳有一小村庄，十余户人家，村民一个个来泉中提水。炀帝感到腹中饥渴，便让百姓取泉水烹茶煮粥，进饮食用后，只觉茶水甘美，米粥清香，顿感气清神爽，不禁连声称赞，遂赐名此泉“美水泉”，赐村名“美水沟”。另外，隋炀帝还指令甘泉知县以泉旁刺榆为证，年年送泉水至长安，供皇帝饮用。送水必有一枝刺榆漂水中，若无刺榆便视为非此泉水。而当年隋炀帝御临美水山庄，百姓进水贡食，第一道佳肴便是美水泉豆腐及豆腐干，炀帝及其爱妃薄姬食后，连连称赞其甜美馨香：“此乃天下美味。”

榆林豆腐

榆林豆腐，系陕北榆林传统风味食品，因以当地特有的桃花水制作，又名桃花水豆腐。

榆林豆腐用料考究，工艺细致，以精选的大豆、黑豆为原料，经过筛、脱皮、泡豆、磨糊、过滤、煮浆、点浆、压制等八道工序制作而成，每500克豆子平均产豆腐1500克。

桃花水

桃花水，本名普惠泉，在榆林城东北方向的驼峰山腰。清人杜滋赋诗曰："驼成十里涌寒泉，冬日云蒸众壑前。烹茗恰如深鼎沸，饮汤真似曲池煎。纵令夹岸霜飞塞，应讶长波灶吐烟。一带潆洄冰不结，溪间溅月碎还圆。" 桃花水清澈甘甜，据说长饮可使人面嫩艳如桃花，所以被誉为"桃花水"。

榆林豆腐的制作

选好的豆子用磨脱皮后，放在温水中浸泡4小时左右，再加入适量的水磨成豆糊，倒在包布内加温水过滤六七遍，把豆浆放入锅内煮熟后，盛入点缸内，用酸浆不断地搅动分离，经过培苗、揉浆、提浆、分浆、套豆腐五个点制阶

典故传说

传说古时候榆林城的水很不好吃，人们日夜盼望能吃到清澈的泉水。而当时每天夜深人静的时候，街上就有清脆的银铃声和马的奔跑声，人们传说是有一只金马驹在城里奔跑，但是谁也抓不住这金马驹。一天深夜，有个青年皮匠看见了金马驹，便紧紧追赶。金马驹被逼得走投无路，一头钻进了石窟。青年皮匠紧紧抓住马尾巴向外拽，却咕咚一声摔倒在地，手中只留下半截马尾巴。这时，随着哗哗的响声，一股清泉从石窟涌出，这就是普惠泉桃花水。

段，然后将缸底大片豆腐脑用马勺在缸口表层旋转撇舀，去掉清浆，把豆腐脑倒在木槽内用布包好，压20分钟即成。

榆林豆腐色泽黄亮，块形完整，四角饱满，香味浓郁。可用榆林豆腐制作的菜肴有八宝箱子、炸豆腐、酿双鱼、芙蓉满天飞等30多种。

"抬在案上是黄的，浑身上下是活的，刀子一拉茬口是细的，抓在手里是绵的，放在口里是嫩的，煮在锅里是韧的，油炸出来是虚的。"这就是榆林豆腐。相传康熙皇帝当年出巡，途经榆林，品尝了榆林豆腐后，赐之以"金香白玉板"的美名。

烤肉

烤肉是西安街头夜市美味。每当夜幕降临，烤羊肉串的食摊上就坐满了男女老幼食客，喝啤酒，吃羊肉串，构成了一道古城夜市风景线。

烤羊肉串原本是狩猎和游牧民族发明的一种极其古老的饮食。人类在远古时期即以采集和渔猎为生，过着食肉衣皮的生活，而烤肉是其主要的熟食加工方法。最初先人们把兽肉切块，串插在木棍上烘烤至熟食用。铁器产生后，人们就使用铁制的钎子串烤。

从有关史料看，烤羊肉串在我国至少有两千年的历史。1972年在甘肃嘉峪关发掘一批魏晋时期的古墓群时，发现有魏晋时期的烤羊肉串画像砖。从山东诸城凉台东汉孙琮墓中画像石上的《庖厨图》上，可以看到一个完整的烤肉串全过程，这过程和展现的方法以至工具，与现在的烤羊肉串基本相同。再从见于史籍的资料看，汉代学者毛亨说“将毛曰炮，加火曰燔，抗火曰炙”，意思是说带毛烧的(用泥土带毛包裹用火烧)叫做“炮”，放在火上烧的叫做“燔”，举在火上烧的叫做“炙”。“炙”的意思就是“烤”，据孔颖达的说法，就是“以物贯之举于火上以炙之”。

烤肉的制作

制作烤肉，选用的是去骨精羊肉，将其切成片，加入切碎的葱拌腌半小时，然后串在铁钎子上，置于特制的烤炉上翻转烘烤，待烤至肉片开始萎缩、表面出油时，撒上精盐、辣椒粉和孜然粉等香料调味剂即成。其香气扑鼻，口感酥、嫩、脆、香，且现烤现吃，风味独特，格外诱人。

过去烤肉只局限于牛、羊肉，现已有了烤鱼、烤鱿鱼、烤鸡、烤香肠等新品种。经营烤肉，也不再只是街头叫卖，有的已在店内经营，甚至有了专营烤肉的店铺，烤的品种增多了，质量也提高了。

另外，随着科技的发展，现在已有了专门的红外线电烤箱，传统的用炉子烤肉的方法正受到挑战。红外线电烤箱，使得烤肉既干净，又卫生，且方便。若想吃嫩点的，可以先将羊肉用鸡蛋、粉芡、水等稍粘拌一下；要想吃辛辣的，多加些辣椒粉、孜然粉就是了。

梆梆肉

梆梆肉，是将猪肠肚等内脏用锯末熟熏而成。

熏，是烹调方法的一种，有生熏、熟熏之分，一般是利用木屑、茶叶、锯末、柏枝、谷草等燃料不完全燃烧时的浓烟，使食品吸收，以增加其特殊香味，使食品具备色泽美观、烟香味浓的特点。

在西安，梆梆肉最早出现在东关和南城柏树林一带，经营者出售时身背椭圆形的木箱，手执“木鱼”状的木梆梆边敲边喊，沿街售卖，故而得名。如今在西安的葫芦头泡馍馆里，也常见梆梆肉这种传统风味小吃。

糟 肉

糟肉，陕西传统风味菜品，又名蒸糟肉、红枣糟肉，用猪五花肉、大红枣、醪糟醅等蒸制而成。其外观玲珑如水晶，色泽棕红，油润光亮，馨香诱人，吃起来肥而不腻，甜香软糯，入口即化，营养丰富，老幼咸宜。

糟肉的制作

将带皮猪五花肉刮洗干净，入沸水锅煮至六成熟捞出，用刀在肉皮面上划出约1.3厘米见方的斜方形花刀纹，刀纹深度约0.3厘米左右，然后翻过来皮朝下，先从中间剁一刀（皮要连而不断），再切成约0.7厘米厚的片，将肉皮朝下装入蒸碗。

把红枣洗净，放在肉上，再将长安特酿醪糟醅放在上面，加入白糖。

上笼先旺火后小火蒸约2至4小时，蒸至肉质炬烂时，取出，去原汁，扣入汤盘。

炒锅内放熟猪油，用中火烧至五成热，倒入原汁，加白糖化开，用湿淀粉勾成硬汁，浇在肉上即成。

肥肉吃了不腻口，
酒香宜人食欲增。
红枣营养味道美，
食后余香乐无穷。

旧闻趣事

2002年2月，美国总统布什访华。应美国驻华大使馆邀请，陕西烹饪专修学院派出教师（厨师）前往该馆制作了几桌宴席，其中就有糟肉这道菜品，受到布什夫人劳拉及随从人员的高度赞赏，在烹饪界传为佳话。

陕西风味小吃宴

陕西风味小吃宴，是西安饭庄创制的特色宴席。建于1929年的西安饭庄，20世纪30年代便以“陕菜正宗”“陕西风味特色之大全”而名闻天下。1936年，周恩来、董必武等中共代表就设宴于此，招待张学良、杨虎城以及各界民主人士，促成“西安事变”的和平解决。陕西风味小吃宴素有“锦锈陕西”之称，它是从全省数百种小吃中精选出近70种，与西安饭庄的传统看家菜、优质名菜和创新菜组合编排成的特色宴席，供应十多年来盛名不衰。

葫芦鸡

葫芦鸡是西安传统名菜，以皮酥肉嫩、香味醇正著称，被誉为“长安第一味”。因为传统制作时要把整只鸡捆起来烹制，故又名“囫囵鸡”。

葫芦鸡外形完整，香味浓烈，一盘上席，满室生香，可谓色香味形俱佳。吃时举箸一抖，骨肉分离，肉质鲜嫩，皮像烤鸭皮，口味鲜香，回味悠长，是鸡馔中难得的珍品。无论过去和现在，到西安饭庄或其他秦菜经营单位举办婚礼或宴请宾客，菜谱中葫芦鸡都是不可或缺的。

葫芦鸡的传统选料是西安城南三爻村的“倭倭鸡”，这种鸡饲养一年后，净重1000克左右，肉质鲜嫩。现在通常选用1000克左右的肥嫩母鸡，制作时也已不再捆扎。

葫芦鸡的制作

制作葫芦鸡，要经过三道基本工序，即先清煮，后笼蒸，再油炸。

1929年，西安饭庄创建伊始，就把葫芦鸡列为“看家菜”之一，并一直沿袭至今。1988年，西安饭庄的葫芦鸡荣获商业部“金鼎奖”。

清煮

清煮前必须将白条整鸡放清水中漂洗半小时，以除净血污。传统的制作，煮时用麻丝将鸡捆成“葫芦”形状，待锅中凉水烧开，再把鸡投入，以保持鸡的整形。煮约半小时取出，盛于蒸盆。

笼蒸

给盛鸡的蒸盆中加料酒、酱油、食盐、冰糖、桂皮、花椒、八角、丁香、葱、姜等，注入肉汤（以淹没鸡身为度），上笼蒸至烂熟。

油炸

炸前须刺破鸡眼珠，并用手顺着鸡胸部破开。油炸技术要求极严，菜油烧至八成热，将整鸡投入油锅，用手勺轻轻转动，炸约半分钟，至鸡呈金黄色，立即倒入铁笊篱内沥油，随即放入菜盘上桌，另带椒盐小碟蘸着吃。

典故传说

相传葫芦鸡创制于唐玄宗时礼部尚书韦陟的家厨。据《酉阳杂俎》和《云仙杂记》记载，韦陟出身于官僚家庭，凭借父兄的荫庇，他贵为卿相，轻裘车马，锦衣玉食，其食用菜肴，极为讲究。时人曰：“人欲不饭筋骨舒，夤缘须入郇公（韦陟袭郇国公）厨。”韦陟穷奢极欲，命家厨烹制酥嫩的鸡肉。第一位厨师采用清煮后再油炸的方法，韦陟尝后认为肉质太老，不合他的口味，命令家丁将这位厨师鞭打五十而致死。第二位厨师采取先煮、后蒸、再油炸的方法，酥嫩的要求都达到了，但由于经过三道工序，鸡肉脱骨，成为碎块。韦陟认为这么好吃的鸡肉却不成形，一定是厨师偷吃了，一气之下，将这位厨师活活打死。第三位厨师吸取了前两位厨师的经验教训，把鸡捆扎起来，而后烹制。这样做出来的鸡，不但香醇酥嫩，而且形似葫芦，后来人们就把采用这种方法制作的鸡叫做“葫芦鸡”，一直流传至今。

温拌腰丝

温拌腰丝，陕西传统佐酒佳肴，也是低档料高档菜的代表作。在中国烹饪界，有一种说法，即拌菜必凉，而独有温拌技法的陕菜，却改变了拌菜必凉的成规。由唐代韦巨源官拜尚书令左仆射时向中宗皇帝进献的烧尾宴中的“羊皮花丝”（长及尺）演变而来、用温拌方法制成的温拌腰丝，口感鲜嫩脆滑，味道醇香扑鼻，食之清爽利口，不仅使人耳目一新，而且证明了用低档料同样可制出脍炙人口的风味菜。

温拌腰丝的制作

加工原料

将净猪腰剥去皮膜，先用刀片成两半，除净腰臊，再片成约1.5毫米的薄片，然后顺腰身的长度切成细丝。莴笋、水发木耳都切成丝。水发粉丝切成约2.5厘米长的段。

汆制腰丝

汤锅内加入清水，用旺火烧沸，将腰丝投入，用筷子搅转（动作要快），待腰丝伸展、颜色发白时立即捞出，控去水分，放入碗中，加料酒、酱油拌匀。

温拌

粉丝、莴笋丝、木耳丝用开水焯过，装入另一碗内，加精盐、料酒、香醋，拌匀，将腰丝盖在上面，撒上姜末、蒜末、白胡椒面。

炒锅内放入芝麻油，用旺火烧至九成热，投入花椒10粒炸出香味，捞出花椒，趁热将油泼在姜末、蒜末上，用平盘盖严，2分钟后打开，拌匀调味，装在平盘内即成。

猪腰

温拌腰丝以猪腰为主料。猪腰又名猪肾，是猪的肾脏。中医认为，猪肾有“理肾气，通膀胱，暖腰膝，治耳聋”“补虚、壮肾、消食滞、防冷痢、止消渴”的功效。

温拌腰丝以其独特的风味而名扬海外。众所周知，法国人不吃猪内脏（猪下水），对猪腰子更是从不问津。而当西安饭庄1994年11月赴法国巴黎等三城市举办西安美食节时，供应菜点中的“温拌腰丝”却成了最受欢迎的菜肴之一，几乎是桌桌一扫而光。由于温拌腰丝做得十分精细，许多法国朋友竟尝不出这菜是用什么原料做的。当得知是用法国人不屑的猪腰子做的时，素以法国大菜而自豪的法国人，不禁对中国的厨师竖起了大拇指，感叹道：“中国厨师真了不起！”“西安厨师真棒！”

口蘑桃仁氽双脆

口蘑桃仁氽双脆，系西安传统名菜之一。此菜色泽艳丽，诱人食欲，雪白的肚仁，枣红的鸭肫，梅花形的口蘑、桃仁，犹如朵朵鲜花，竞相争艳，闻起来芬芳馨香，吃起来更是美味爽口。

口蘑桃仁氽双脆的制作

加工原料

将猪肚仁除去筋膜，洗净，剞成兰花刀，再切成约2.64厘米见方的块。鸭胗（或鸡胗）片去硬皮，也剞成兰花刀，每只切成4块。用清水将碱面化开，放入肚仁浸泡3小时左右取出，用清水连洗数次，去掉碱味后，再放入清水里，加葱段、姜片、花椒，浸泡1至2小时捞出，搌干水。

加工辅料

将口蘑洗净，用开水泡1小时捞出，切成薄片，放入漏勺，在开水锅中反复旋转，澄净沙粒，放入碗中。将泡口蘑的开水澄清待用。核桃仁用开水泡过，去皮，切片。香菜洗净，切成约1厘米长的段。水发玉兰片切片。

氽制

汤锅内放入清水，用旺火烧沸，下入肚仁、鸭胗，氽至刀纹散开，立即捞出，放入碗中，用料酒抓匀，搌干水。在氽肚仁、鸭胗的同时，用另一炒锅放入鸡清汤及泡口蘑的水，用中火烧沸，加料酒、精盐，撇净浮沫，同时下入肚仁、鸭胗、玉兰片、口蘑、核桃仁，不等汤沸即盛入大汤盘里，滴入熟猪油即成。上桌时另带白胡椒面、香菜小碟，吃时撒入用以调味。

典故传说

据《秦馔古今谈》载，氽双脆来源于盛唐，原名“攛双丞”。据说，唐时“攛双丞”原是影射武则天朝的尚书左丞周兴、御史中丞来俊臣的。周兴脑满肠肥像个母猪，来俊臣刑讯时呱呱乱叫像个母鸭，人们把他们合称“猪鸭”。两人都是武则天朝的酷吏，以贪赃枉法、草菅人命而臭名昭著。当时长安西市张家楼饭店里有一姓刘的厨师，其徒弟因送菜出错，被周兴一帮酷吏抓去活活打死。刘师傅愤恨满腔，特用猪肚头和鸭胗在滚水里一氽，做成脆嫩鲜香的菜肴，取名叫“攛双丞”，暗示人们向朝廷投递状子告发“二丞”（西安人把投递状子叫攛状子）。人们品尝佳肴，领会其意，纷纷写状子告发周兴和来俊臣，后来周兴果真被武则天放逐岭南，死于途中，来俊臣被武氏诸王和太平公主处死，解了满城百姓心头之恨，“攛双丞”因而更加出名。

随着时间的推移，经历代厨师不断改进提高，“攛双丞”增加了辅料蘑菇、核桃仁，由“攛双丞”演变为“口蘑桃仁氽双脆”，并成为1929年创建的西安饭庄的“看家菜”之一。

奶汤锅子鱼

奶汤锅子鱼，源于唐韦巨源官拜尚书令左仆射后，宴请中宗皇帝的烧尾宴上最受称道的“乳酿鱼”。乳酿鱼是用白色似乳的羹汤酿制的鱼馔。后来，这道菜肴由宫廷传入市肆，相沿至今，经久不衰，是当今西安唐式菜点的代表作。

奶汤锅子鱼的制作

奶汤锅子鱼以黄河鲤鱼为主料，制作时先将活鲤鱼收拾干净，切成瓦块状，与葱、姜一起放入炒勺内颠翻几下，煎数分钟，加入料酒、精盐、味精，入味后出锅装入大盘，摆放成整鱼形。

另将猪肘、母鸡、猪腿骨洗净放入汤锅内，加水、葱、姜，炖煨至汤汁浓白如乳时，捞出鸡、骨、肘，即成奶汤。

将奶汤入锅内烧沸，加精盐、料酒、水发口蘑、冬笋片，撇去浮沫，加入味精，出锅盛入特制的紫铜火锅内，即刻上桌，点燃锅子下面的酒精，顿时香飘四座。

将煎好的鱼块投入锅子内，盖好锅盖。汤烧沸后，揭去锅盖，投入香菜和白胡椒粉，即可将鱼块夹出。

吃时蘸姜、醋汁，口感犹如蟹肉一般。吃过一半后，再向锅内续奶汤并放入菠菜、豆腐，煮开后，连汤带菜吃，汤醇味鲜，色白如玉，别有风味。

奶汤锅子鱼的吃法近似“羊肉涮锅”“菊花锅”，但又有所不同。因其采用煸、炖、煨的烹制方法，故能保持鱼肉的固有鲜味，加上奶汤的肉鲜，两种鲜味互相补益，使汤味更加浓郁香醇，诱人食欲。

黄河鲤鱼

黄河鲤鱼，是我国淡水鱼中的珍贵品种，其身体细长、扁平，剖开后内腑干净，无黑膜，以肉鲜汤美著称。据《本草纲目》载，鲤鱼的得名，乃因其“鳞有十字纹理，故为鲤”。自古以来，鲤鱼就有“诸鱼之长”“鱼王”“圣子”等美称。

烧闻趣事

以经营秦菜著称的西安饭庄，1929年开业时，就把“奶汤锅子鱼”列为“看家菜”之一，由秦菜大师曹秉钧主厨，各阶层知名人士和广大群众知味停车，甘当老饕。

1955年，时任西安市文联主席的戈壁舟在西安饭庄宴请老舍先生等人。吃奶汤锅子鱼时，他们曾赞叹这道鱼肴是西安第一、西北第一，还说，若叫它漂洋过海，准得个金质奖章！